ENCYCLOPEDIA BROWN #5: Solves Them All by Donald J. Sobol

Copyright ⓒ Donald J. Sobol, 1968
All rights reserved.
This Korean edition was published by Sallim Publishing Co., Ltd.
in 2010 by arrangement with Donald J. Sobol co McIntosh and Otis,
Inc., New York through KCC(Korea Copyright Center Inc.), Seoul.

이 책의 한국어판 저작권은 ㈜한국저작권센터(KCC)를 통한 저작권자와의 독점 계약으로
㈜살림출판사에 있습니다.
저작권법에 의해 한국 내에서 보호를 받는 저작물이므로 무단 전재와 복제를 금합니다.

도널드 제이 소볼 지음　박기종 그림　이정아 옮김
신나는 과학을 만드는 사람들 솔루션 집필 및 감수

살림어린이

추천의 글

　과학은 재미있고 즐거운 공부입니다. 하지만 보통 과학은 어렵고 지루하다고 느끼는 경우가 대부분입니다. 그렇다면 좀 더 재미있고 즐겁게 과학을 알 수 있는 방법은 무엇일까요? 바로 우리 주변에서 일어나는 일들을 주의 깊게 관찰하여 차근차근 과학에 접근하는 것입니다.

　과학탐정 브라운은 주변에서 일어나는 사건들을 해결하는 과정을 통해 재미있는 방식으로 과학을 이해합니다. 소년 탐정이 사건을 하나씩 해결하는 과정을 따라가다 보면 어느새 과학의 즐거움을 느낄 수 있을 것입니다.

　뿐만 아니라 과학 솔루션에서 사건과 관련된 과학 원리를 설명해 주어서 과학을 좀 더 쉽게 이해할 수 있습니다.

　과학 솔루션은 초등 교과 과정과 연관된 물리, 화학, 생물, 지구 과학을 다양하게 접할 수 있도록 구성하였습니다. 이러한 과학 원리의 기초를 잘 익혀 두면 중·고등학교에 진학해서도 과학을 쉽게 공부하는 데 큰 도움이 될 것입니다.

지금부터 여러분은 과학탐정이 되어서 생각하고 행동해 보세요. "과연 왜 그럴까?" 하는 호기심을 가지고 출발하면 됩니다. 이 호기심들을 논리적으로 풀어 나가다 보면 어느새 사건을 해결하는 동시에 과학적인 사고도 쑥쑥 커져 있을 것입니다.

자, 이제 과학을 재미있게 경험할 준비가 되었나요? 과학탐정 브라운이 되어서 사건 속에 숨어 있는 과학을 찾아 나서 봅시다.

신나는 **과학**을 만드는 사**람**들

등장인물

르로이 브라운

한 번 읽은 것은 모두 기억하여 '인사이클로피디아'라 불림.
타고난 추리력으로 사설탐정소를 운영하고 있다.

브라운 경찰서장

아이다빌 시의 경찰서장이자 브라운의 아버지.
잘난 아들 덕에 범죄 해결은 만사 OK!

샐리 킴볼

미모와 지혜와 운동 신경을 모두 갖춘 여학생.
브라운의 사설탐정소 동업자이자 보디가드로 활약한다.

벅스 미니

말썽쟁이 소년 집단 호랑이 패의 우두머리.
브라운과 샐리를 미워하고 복수를 꿈꾸기도 한다.

차례

- 증거물 없는 사건을 해결하라! — 8
- 엉터리 무술 묘기의 진실 — 24
- 진짜 영웅? 가짜 영웅! — 38
- 서커스단에 숨은 도둑을 찾아라! — 50
- 겁에 질린 부자 — 62
- 헤어드라이어 사건의 비밀 — 74
- 큐피트 화살을 쏜 범인을 찾아라! — 86
- 개를 다치게 한 진짜 이유 — 98
- 함정에 빠진 이빨 수집가 — 110
- 환상의 원기 주스는 진짜일까? — 122

증거물 없는 사건을 해결하라!

아이다빌 시에는 유능한 소년 탐정이 한 명 있어요. 아직 해결하지 못한 사건이 한 건도 없는 이 소년 탐정을 사람들은 '인사이클로피디아'라고 불렀지요.

'인사이클로피디아'는 원래 온갖 종류의 지식이 들어 있는 백과사전을 뜻하는 말이에요. 사람들이 소년 탐정을 인사이클로피디아라고 부르게 된 까닭은 그가 백과사전처럼 두툼하고 네모 반듯하게 생겼기 때문은 아니었어요.

인사이클로피디아는 아이다빌 시의 어느 누구보다도 더 많은 책을 읽은 데다 한 번 읽은 것은 절대 잊지 않았어요. 그야말로 걸어 다니는 도서관 같았지요. 그래서 소년 탐정을 진짜 이름인 '르로이'라고 부르는 사람은 부모님과 학교 선생님들뿐이었어요.

소년 탐정이 살고 있는 아이다빌 시는 비슷한 크기의 다른 도시들과 다를 바가 없었어요. 영화관이 세 곳, 식품 가게가 두 곳, 은행이 네 곳, 그리고 교회와 학교도 있어요. 잘사는 집들이 있는가 하면 가난한 집들도 있지요. 모두가 즐겨 가는 멋진 해변도 있고요.

하지만 경찰만은 특별했어요.

똑똑하고 용감한데다 훈련이 잘되어 있는 경찰들 덕분에 일 년이 넘도록 아이다빌 시에서는 어른이든 어린아이든 법을 어긴 사람은 그 누구도 빠져나갈 수 없었지요.

사람들은 인사이클로피디아의 아빠이자 아이다빌 시의 경찰서장인 브라운 씨를 세상에서 제일 유능한 경찰서장이라고 이야기했어요. 이런 명성을 브라운 경찰서장은 자랑스럽게 생각했어요.

하지만 브라운 경찰서장이 더욱 자랑스럽게 여긴 것은 따로 있었어요. 바로 자신도 해결하지 못하는 어려운 범죄 사건을 척척 해결하는 외아들 인사이클로피디아였지요.

최근 1년 동안, 브라운 경찰서장은 사건이 여간해서 풀리지 않으면 로버 거리에 있는 붉은 벽돌집으로 사건 파일을 들고 왔어요. 그러면 인사이클로피디아가 가족들이 저녁 식사를 하는 자리에서 문제들을 해결했지요.

그러나 브라운 경찰서장은 아들을 자랑하고 다닐 수는 없었어요. 아이다빌 시가 벌이는 범죄와의 전쟁에서 매번 승리를 이끄는 숨은 해결사가 열 살짜리 소년이라는 걸 누구에게 말할 수 있겠어요? 이야기한들 믿을 사람도 없을 게 뻔했지요.

인사이클로피디아도 자신이 아빠를 돕는 것에 대해서는 입도 벙긋하지 않았어요. 여느 다른 5학년생들 하고 달라 보이고 싶지 않았으니까요.

인사이클로피디아는 평소 낮에는 학교에서 공부를 하고, 저녁에는 아빠가 가져오는 어려운 범죄 사건을 해결하느라 매우 바빴어요.

하지만 여름 방학이 되자 시간이 많아졌지요. 그래서 아빠가 출근하고 나면 빈 차고에 자신의 사설탐정소를 열었어요. 그리고 아침마다 다음과 같은 안내판을 차고 밖에 내걸었어요.

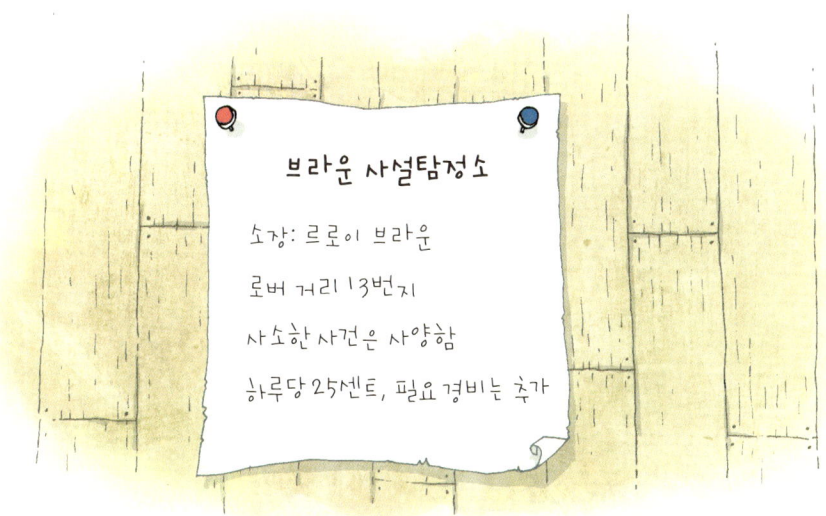

어느 날 이른 오후, 몸집이 자그마한 남자아이가 빨간색 손수레를 끌고 사설탐정소로 들어섰어요. 손수레에는 싱싱한 과일들이 잔뜩 실려 있었지요.

남자아이는 25센트를 인사이클로피디아 옆에 놓인 휘발유통 위에 놓으며 말했어요.

"내 이름은 아브너 넬슨이야. 요즘 그랜트 거리에 있는 가판대에서 과일을 팔고 있는데 문제가 생겼어. 네 도움을 받고 싶어."

"과일 파는 일이 잘 안 돼?"

인사이클로피디아가 물었어요.

"망해 가고 있어!"

아브너가 대답했어요.

"지난 2주 동안 어떤 덩치 큰 애가 날마다 내 가판대를 찾아왔어. 자기 먹고 싶은 대로 과일을 집어 먹고는 값도 안 치른다고!"

"보호가 필요하네."

인사이클로피디아가 말했어요.

"보호!"

아브너가 비명을 질렀어요.

"맙소사! 난 그 '보호'라는 것 때문에 몹시 힘들다고!"

아브너가 그동안 겪은 일을 설명하기 시작했어요.

아브너는 집 뒤뜰에 열린 과일을 따다 그랜트 거리에 있는 가판대에서 판다고 했어요. 그런데 2주 전에 덩치 큰 아이 한 명이 아브너의 가판대를 찾아왔다는 거예요.

"그 아이는 여름 동안 가판대에서 과일을 팔기 위해서는 보호가 필요하다고 했어."

아브너의 말을 듣고 인사이클로피디아가 물었어요.

"보호가 왜 필요한데?"

"주위에서 과일을 파는 다른 애들이 내 가판대를 부술지도 모른다고."

"그래서 그 애가 너를 보호해 주겠다고 한 거니?"

아브너는 울상을 지으며 이야기를 계속 했어요.

"그래, 날이면 날마다 나타나서는 '아무도 귀찮게 안 하지? 그건 다 내가 널 보호하기 때문이야.'라고 넉살 좋게 허풍을 떠는 거야. 그러고는 보호를 해 준 대가라면서 과일을 닥치는 대로 집어 갔어."

"그 애가 네 과일 장사를 망치고 있구나!"

인사이클로피디아의 말을 듣고 아브너는 더욱 속상해하며 사건을 해결해 줄 것을 부탁했어요.

"누가 보호해 달라고 부탁했냐고! 말도 안 되는 소리로 날 괴롭히고 있다니까! 이러다가는 내 과일이 한 개도 남아나지 않겠어. 정말 쫄딱 망하기 전에 그 애가 못 오게 도와줘."

"그 애 이름이 뭐야?"

"벅스 미니."

"그럴 줄 알았어!"

벅스 미니는 말썽꾸러기 상급생들의 대장이었어요. 그들은 자기들끼리 모임을 만들어 호랑이들이라고 부르고 다녔지만 사실 좀생이들이라는 이름이 더 어울리는 모임이었어요. 호랑이들은 우르르 몰려다니며 끊임없이 말썽을 피우고 자신들보다 어리고 약한 아이들을 괴롭혔지요.

"인사이클로피디아! 벅스라는 그 녀석 말이야, 엄청 거칠어. 1시간 전에도 내 체리 한 봉지를 가져갔어."

아브너가 시무룩하게 말하자 소년 탐정이 아브너를 위로했어요.

"무서워하지 마. 난 전에도 벅스를 자주 상대해 봤어. 그 애가 자기 입으로 뭐라고 하는지 가서 들어 보자."

"분명히 가져간 체리 봉지에 대해서는 아무런 말도 하지 않을걸."

아브너는 벅스를 두려워하고 있었어요.

인사이클로피디아와 아브너는 호랑이들의 클럽 하우스가 있는 스위니 씨의 자동차 정비소 뒤 빈 헛간으로 갔어요.

벅스는 혼자서 개학 준비를 하고 있었어요. 예습이나 복습을 하는 것이 아니라 여자애들이 꽂는 머리핀으로 자전거 자물쇠를 여는 방법을 연구하는 데 한창이었어요.

인사이클로피디아를 보자 벅스는 머리핀을 급히 주머니에

집어넣으며 소리쳤어요.

"네가 여긴 웬일이야!"

"먼저 여기 있는 아브너한테 그동안 네가 가져간 과일 값을 모두 물어 줘."

인사이클로피디아가 말했어요.

"조금 전에 가져 간 체리 한 봉지 값 40센트까지 더해서 모두 3달러 25센트야. 그리고 난 네 보호 따위는 필요 없어!"

아브너가 인사이클로피디아 뒤에 숨어 외쳤어요.

"무슨 소리야? 보호? 체리 봉지? 너희 머리가 어떻게 된 거 아니야? 똑똑히 들어! 너희들 행여 공사장 가까이에는 가지 마라. 너희 같은 돌들을 구한다더라."

벅스가 목소리를 높였어요.

그때, 인사이클로피디아가 벅스 옆의 바닥에서 종이 봉지를 주워 들었어요. 봉지 안에는 체리 세 개가 남아 있었어요.

"이 체리들은 어디서 났어?"

인사이클로피디아가 물었어요.

벅스의 얼굴에 당황한 표정이 뚜렷했어요.

"그, 그건 오늘 아침 슈퍼마켓에서 한 봉지 산 거다, 뭐."

"거짓말하지 마! 1시간 전에 나한테서 빼앗아 간 체리 봉지잖아."

아브너가 말했어요.

"무슨 소릴 하는 거야? 잘 들어. 난 오후 내내 여기 클럽 하우스에 있었어. 체리를 먹으면서 자물쇠 여는 방법을 연구 중이었다고! 보호니 과일 가판대니 네 체리 봉지니 하는 것들에 대해서는 난 아는 바 없어. 알았어?"

벅스가 으르렁대듯이 말했어요.

"그 말이 사실이라면 내가 좀 둘러봐도 되겠지?"

인사이클로피디아의 말에 벅스가 천연덕스럽게 대답했어요.

"둘러보셔. 눈이 빠져라 살펴보라고!"

클럽 하우스는 아주 좁아서 주위를 살펴보는 데는 오래 걸리지 않았어요. 안에 있는 가구라고 해 봐야 벅스가 앉아 있는 의자를 제외하면 탁자 두 개와 간이 의자로 이용하는 오렌지 상자 여섯 개뿐이었어요.

인사이클로피디아는 무릎을 꿇고서 바닥을 꼼꼼히 훑었어요. 못 일곱 개, 옷걸이 한 개, 만화책 두 권, 마른 잎사귀 세 장에 두껍게 쌓인 흙과 먼지가 전부였어요.

인사이클로피디아는 호랑이들이 쓰레기통으로 쓰는 나무 상자 안도 꼼꼼히 살펴보았어요. 그 안에서는 만화책 두 권에 오래된 신문지 한 장, 녹슨 허리띠, 부서진 체커 게임판이 나왔어요.

쓰레기통을 살펴본 후 인사이클로피디아는 밖으로 나갔어요. 클럽 하우스 주변의 풀숲까지도 샅샅이 뒤졌지요.

아브너가 인사이클로피디아의 옆에 와 물었어요.

"증거물을 찾는 거야?"

인사이클로피디아는 대답 대신 고개를 끄덕였어요.

"뭣 좀 찾았어?"

인사이클로피디아는 손바닥을 펴 보였어요.

"이거."

인사이클로피디아의 손바닥에는 짧은 끈 한 줄, 종이 클립 한 개, 풍선껌 포장 종이 몇 장이 놓여 있었어요.

"후유, 클럽 하우스 주변에도 별다른 게 없네."

아브너가 크게 실망한 듯 중얼거렸어요.

벅스가 클럽 하우스의 문 앞으로 나와 앉았어요. 벅스는 풀을 뜯어 질근질근 씹으며 밉살스럽게 빈정거렸어요.

"이봐, 엉터리 소년 탐정님, 찾고 있던 것을 발견하셨나요?"
"아니, 하지만 네가 오후 내내 클럽 하우스에 있었던 게 아니라는 사실은 증명됐어."
인사이클로피디아가 말했어요.

증거물을 못 찾았는데 어떻게 벅스가 거짓말을 한 것이 드러났을까요? ⊙ 23쪽에 해결이 있어요.

모든 과일 속에는 씨가 있나요?

식물의 씨

"잘 들어. 난 오후 내내 여기 클럽 하우스에 있었어. 체리를 먹으면서 자물쇠 여는 방법을 연구 중이었다고!"

여러분은 우리 주변에 수많은 식물의 씨를 본 적이 있을 것입니다. 식물의 씨가 자라서 자신의 종을 유지해 나가기 때문에 그 역할이 아주 중요하지요.

씨의 크기는 모래알같이 아주 작은 것에서부터 길이가 10~20cm 정도가 되는 것까지 아주 다양합니다. 또한 씨의 겉모양 역시 공과 같은 원형 모양에서부터 타원 모양, 평평한 모양 납작한 모양 등 다양하답니다.

다양한 식물의 씨

이번에는 씨의 구조에 대하여 살펴보도록 하지요. 씨를 반으로 갈라 보면 가장 바깥쪽에 씨껍질이 둘러싸고 있고, 그 안으로 배와 배젖이 있는 것을 살펴볼 수 있습니다.

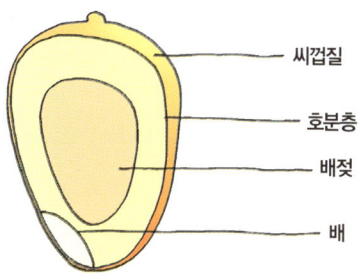

볍씨(벼의 씨)의 구조

씨껍질은 씨방 속 밑씨에서 만들어지며 배를 보호하고 싹을 틔우기 위해 필요한 수분을 흡수하는 역할을 합니다. 배가 점차 자라나서 식물체가 되는 것이지요. 배젖은 배가 싹트는 데 필요한 양분을 저장하는 곳입니다.

이번에는 이렇게 만들어진 씨가 어떻게 퍼져 나가는지 살펴보겠습니다.

먼저 꼬투리가 터져서 퍼지는 것이 있습니다. 대표적인 것으로 콩, 팥, 봉숭아, 나팔꽃 등이 있지요. 씨가 꼬투리에 쌓여 있다가 건조해지면 껍질이 비틀리면서 밖으로 퍼져 나가게 됩니다.

두 번째로 바람에 날려 퍼지는 것이 있습니다. 대표적인 것으로 민들레, 단풍나무, 소나무, 버드나무 등이 있지요. 씨가 털이나 날개같이 바람에 잘 날릴 수 있는 구조로 되어 있습니다.

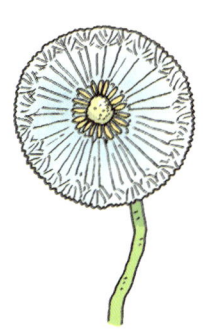

민들레 씨

세 번째로 동물의 몸에 붙어서 퍼지는 것이 있습니

과학 솔루션

다. 대표적인 것으로 도깨비바늘, 가막사리 등이 있지요. 씨에 가시가 있거나 끈끈한 물질이 붙어 있는 것이 특징입니다.

네 번째로 물 위에 떠서 퍼지는 것이 있습니다. 대표적인 것으로 연꽃, 수련, 야자나무 등이 있답니다. 이 식물들의 씨에는 공기 주머니 같은 것이 있어 물에 오랫동안 떠 있을 수 있는 특징이 있지요.

이처럼 식물의 씨는 다양한 구조와 특징을 가지고 있습니다.

식물의 씨가 중요한 이유는 씨를 통하여 새로운 생명이 탄생하고 그 종을 이어 가고 있기 때문입니다. 식물의 씨를 잘 보존하고 유지해야 우리의 소중한 생명을 지켜 나갈 수 있다는 것을 명심하세요.

정답

아마 여러분은 사과, 배, 포도나 복숭아, 체리 등 여러 가지 과일을 먹어 본 적이 있을 것입니다. 그런데 이러한 과일들을 먹다 보면 속에 씨가 있지요. 그렇다면 모든 과일 속에는 씨는 있을까요? 원래 모든 과일에는 씨가 있어야 합니다. 그러나 바나나와 같은 과일의 경우에는 속에서 씨를 발견할 수 없지요. 이런 경우는 사람이 인위적으로 씨가 없도록 종자를 개량한 것입니다. 따라서 모든 과일 속에는 씨가 있는 것이 일반적이랍니다.

증거물 없는 사건 편

 인사이클로피디아는 찾고자 했던 증거물들, 즉 체리 꼭지와 씨들을 찾지 못했다. 벅스가 슈퍼마켓에서 사 온 체리를 먹으면서 오후 내내 클럽 하우스에 있었다면 체리 꼭지와 씨들도 같이 발견되었어야 했다!

 인사이클로피디아에게 거짓말을 들킨 벅스는 아브너의 과일 가판대에서 체리 봉지를 들고 온 것을 시인했다. 체리는 클럽 하우스로 오는 도중에 대부분을 먹었던 것이다. 또한 벅스는 아브너의 과일 가판대를 위협한 사람은 있지도 않았고, 보호니 뭐니 했던 것은 공짜로 과일을 집어 가기 위한 핑계였다고 실토했다. 벅스는 2주 동안 먹어 치웠던 과일 값을 아브너에게 물어 주었다. 물론 보호 사업도 그만두었다.

엉터리 무술 묘기의 진실

벅스 미니는 소년 탐정에게 번번이 당한 걸 생각하면 부아가 치밀었어요. 정말이지 인사이클로피디아의 코를 아주 납작하게 만들고 싶었어요.

하지만 그럴 수 없는 이유가 한 가지 있었어요. 바로 샐리 킴볼 때문이었지요.

샐리는 5학년에서 가장 예쁜 여학생이었어요. 그렇지만 호랑이들의 대장인 벅스에게는 샐리의 예쁜 얼굴은 눈에 들어오지 않았어요. 오로지 그녀의 매서운 주먹만이 떠올랐을 뿐이었지요.

왜냐하면 얼마 전 샐리가 어린 스카우트 대원을 괴롭히고 있던 벅스를 때려눕혔거든요. 그것은 벅스보다 덩치가 큰 남자아이들도 꿈꿔 보지 못한 일이었어요!

벅스는 사람들에게 샐리가 운 좋게 자신을 맞힌 거라고 떠들고 다녔어요. 하지만 아무도 그 말을 믿지 않았어요. 사실 벅스 스스로도 샐리가 운이 좋아 자신을 맞힌 거라고 생각하지 않았으니까요.

벅스가 두려워하는 샐리는 소년 탐정의 동업자이자 보디가드였어요.

"벅스가 나를 싫어한다는 것은 모두가 알고 있어. 그런데 벅스는 너도 싫어해. 분명히 지난번 일을 복수하려고 할 거야."

어느 날 오후 브라운 사설탐정소에서 인사이클로피디아가 동업자에게 말했어요.

샐리도 같은 생각이었어요.

"그 애는 들끓는 가마솥 같아. 항상 뭔가를 꾸미고 있어."

샐리의 말이 끝나기가 무섭게 호랑이 패거리 중 한 명인 듀크 켈리가 인사이클로피디아의 사설탐정소로 들어섰어요. 듀크는 25센트를 휘발유 통 위에 올려놓더니 이렇게 말했어요.

"벅스가 보냈어."

"설마, 벅스에게 우리 도움이 필요한 일이라도 생긴 거야?"

샐리가 놀라서 말했어요.

"아니, 오늘 오후 2시에 중학교 체육관에서 열리는 유도 시범 경기에 너희를 초대하겠대. 25센트는 너희가 그곳까지 오는 데 드는 시간 값이야."

듀크가 말했어요.

인사이클로피디아와 샐리는 별일도 다 있다 싶은 황당한 표정으로 서로의 얼굴을 바라보았어요.

"유도? 자기를 방어하는 무술인데……."

인사이클로피디아는 혼잣말로 중얼거렸어요. 그 말을 들은 듀크는 묘한 웃음을 지었어요.

"유도는 상대의 힘을 이용해서 상대를 제압하는 운동이야."

듀크는 이 말을 남기고 차고를 나갔어요.

'뭔가 꿍꿍이속이 있어. 뭘까?'

인사이클로피디아가 생각에 잠겼어요.

샐리도 왜 벅스가 자신들을 초대했는지 매우 궁금했어요.

"무슨 일인지 궁금한걸. 우리 한번 가 보자."

샐리가 말했어요.

중학교 체육관에 도착해 보니 이미 안은 유도 시범 경기를 구경하러 온 많은 아이들로 붐비고 있었어요.

오후 2시 정각이 되자 아이다빌 시의 여름 스포츠 학교를 맡고 있는 리차드 사범이 나와 인사를 했어요. 리차드 사범은 짤막하게 유도를 하는 이유와 목적에 대해서도 설명했어요.

잠시 후 아이다빌 유도 센터의 어른 수련자 네 명이 나와 체육관 마루 한가운데에 놓인 매트 위에 자리를 잡았어요.

네 명 모두 흰색 유도복을 입고서 허리춤을 띠로 묶은 모습이었지요. 이들은 약 30분 동안 잡기, 굳히기, 메치기 등 다양한 유도 기술들을 선보여 주었어요.

시범이 끝나자 아이들의 박수가 터져 나왔어요.

리차드 사범이 다시 사람들 앞으로 나와 큰 소리로 이야기했어요.

"유도는 어른들만 할 수 있는 것이 아닙니다. 이번에는 우리 유도 센터의 수련생인 중학생 세 명이 나와 2주 동안 배운 기술을 보여 드리겠습니다."

호랑이 패거리인 벅스 미니, 스파이크 랄센, 록키 그래함이 매트 위로 걸어 나왔어요. 셋은 어른 수련자들과 똑같은 옷을 입고 있었어요.

"우아, 정말 잘하는데."

벅스가 스파이크와 록키를 매트 바닥에 꽂는 것을 보고 샐리가 말했어요.

"저 둘은 다치지 않고 떨어지는 법을 알고 있어. 하지만 메치기는 연기야. 스파이크와 록키가 협조하지 않는다면 벅스는 둘을 들어 던질 수 없어."

인사이클로피디아가 말했어요.

시끌벅적한 시범을 끝내고 세 호랑이 회원들이 줄을 지어 인사를 했어요. 역시 구경하던 아이들의 박수가 쏟아졌어요.

리차드 사범이 감사 인사를 하려고 앞으로 나왔어요.

그때 벅스가 손을 들어 올리며 말했어요.

"아직 끝나지 않았어요. 제 비장의 기술을 보여 드리겠습니다!"

리차드 사범이 다시 자리를 비켜 주자 스파이크가 벅스를 향해 성큼성큼 다가갔어요. 그리고 한 발자국 정도쯤 거리를 남겨 두고 멈춰 섰어요. 그러자 벅스가 스파이크의 목을 향해

날쌔게 손을 내뻗었어요.

벅스가 손을 떼자 스파이크가 뒤로 쿵 넘어갔어요. 기절을 한 듯 조금도 움직이지 않았지요.

벅스는 록키에게도 같은 행동을 해 보였어요. 록키도 스파이크처럼 뒤로 넘어간 후 일어날 줄 몰랐어요.

"방금 본 것이 제 비장의 유도 기술입니다. 지금 록키와 스파이크는 완전히 기절했어요. 그러나 다치게 하지는 않았습니다. 하지만 제가 마음만 먹으면 언제든 목을 부러뜨릴 수도 있습니다."

벅스가 큰 소리로 말했어요.

잠시 후 록키와 스파이크가 깨어나더니 머리를 흔들며 매트 밖으로 기어 나갔어요.

체육관 안이 조용해졌어요. 모두 놀란 눈으로 벅스를 바라보고 있었지요.

"모두들 궁금하실 겁니다. '어디서 저런 엄청난 기술을 배웠지?' 하고 말입니다. 알려 드리죠. 전 비밀리에 일본에서 유도를 연구하시는 유명한 교수님에게 편지를 써서 유도 기술에 대해 조언을 구했습니다. 그 교수님은 고수들만이 할 수 있다는 기술을 저에게 알려 주셨죠."

벅스는 매트 위를 돌아다니며 거들먹거렸어요.

"여러분은 나를 때려눕힌 것으로 알려진 한 여자애 이야기를 들었을 겁니다. 하지만 이제는 아셨겠지요? 내가 일부러 가만히 맞아 주었다는 것을요. 내가 제대로 상대했다면 아마 그 여자애는 병원에 입원할 정도로 다쳤을 테니까요."

벅스가 하고 싶은 말뜻은 분명했어요. 모두들 그 뜻을 알아들은 듯 샐리를 바라보았어요.

벅스는 모두가 모인 자리에서 샐리에게 다시 한 번 겨루자고 도전장을 내밀었던 것이지요!

만약 샐리가 겨루기를 거절하거나 진다면 벅스는 다시 활개를 치고 다니게 되겠지요. 그리고 힘이 없어진 사설탐정소는 벅스가 주위 아이들을 못 살게 굴어도 막지 못할 것이고요.

샐리 옆에서 구경하던 어린 남자아이가 잔뜩 걱정스런 얼굴로 말했어요.

"나가지 마. 저 형이 누나를 죽일 거야!"

그때 인사이클로피디아가 샐리에게 무언가 귓속말을 했어요. 듣고 있던 샐리가 입술에 힘을 주었어요. 그리고 코웃음을 쳤어요.

"비장의 기술 좋아하시네!"

샐리가 벌떡 일어나 매트 위로 걸어갔어요.

당당한 샐리의 모습을 보자 벅스는 당황했어요. 샐리가 겁먹을 것이라고 생각했는데 정작 잔뜩 겁을 먹은 사람은 벅스 자신이었지요. 그렇다고 자신이 먼저 건 싸움을 피할 수도 없는 노릇이었어요. 가뜩이나 모두들 결과를 궁금해하며 둘을 바라보고 있었으니까요.

벅스가 손을 뻗어 샐리의 목을 잡으려고 하자 샐리는 빠르게 몸을 피한 후 벅스의 배에 주먹을 날렸어요.

천만다행인 것은 벅스가 2주간의 유도 수련 동안 낙법을 배운 것이었지요. 샐리의 주먹 덕분에 벅스는 낙법을 아쉬움 없이 연습하게 되었으니까요.

연속으로 꽂히는 샐리의 주먹에 결국 벅스는 매트에 드러누운 채 일어나지 못했어요.

"오늘 아침에 큰 상자를 들다가 허리를 다쳐서 그런 거야."

벅스는 매트 위에서 일어나지도 못한 채 우는 소리로 변명을 했어요.

"자신의 엉터리 무술 묘기에 아무나 나가떨어질 것이라고 믿다니, 기가 막혀서! 벅스 녀석, 머리를 다쳐 이상해진 것 아니야?"
인사이클로피디아가 혼자 중얼거렸어요.

인사이클로피디아는 벅스의 유도 기술이 엉터리라는 것을 어떻게 알았을까요?

◐ 37쪽에 해결이 있어요.

부아가 치민다는 무슨 의미일까요?

화를 낼 때 우리 몸의 변화

벅스 미니는 소년 탐정에게 번번이 당한 걸 생각하면 부아가 치밀었어요. 정말이지 인사이클로디아의 코를…….

부아가 치민다는 말은 보통 화가 날 때 사용하는 말입니다. 여러분은 아마 누군가에게 화를 내어 본 적이 많이 있을 것입니다. 화를 내고 난 뒤, 기분이 나쁘고 후회를 한 적이 없었나요?

화를 낼 때 우리 몸에서는 어떤 일이 일어날까요? 지금부터 좀 더 자세하게 살펴보기로 하겠습니다.

우선 화가 나면 우리 몸에서는 흥분을 일으키는 물질이 분비되어 심장의 박동이 점점 빨라지게 됩니다. 그 영향으로 혈액 순환도 증가하게 되고 몸에서 열이 발생할 수도 있지요.

●관련 과학 교과 5학년 2학기 1단원 – 우리 몸

그러면 몸에서 좋지 않는 독성 물질이 만들어질 수도 있고 스트레스도 점점 쌓이게 됩니다. 따라서 심장이나 혈관이 좋지 않은 사람들에게는 특히 더 위험할 수 있지요. 자주 화를 내는 것은 신체적으로 이상이나 문제를 일으킬 수 있습니다.

아울러 화를 내면 말을 더듬기도 합니다. 이러한 현상은 좌뇌와 우뇌의 혼동으로 인하여 발생하지요.

보통 좌뇌는 언어적 사고와 분석적 사고 그리고 논리적 사고를 담당하고 있습니다. 우뇌는 감정적 사고와 공간적 사고를 담당하고 있습니다. 따라서 우뇌에서 일어난 생각을 좌뇌로 가져와 언어로 표현하는 것이 일반적이지요.

하지만 사람이 흥분하거나 화가 나면 이러한 좌뇌와 우뇌의 활동이 원활히 소통되지 않아 말을 제대로 하지 못하고 더듬게 되는 것입니다.

이처럼 화를 내는 것은 분명 우리 몸에 좋지 못합니다. 따라서 화를 내지 않도록 마음의 여유를 갖는 것이 무엇보다 중요하지요.

모든 것은 마음먹기에 달렸다고 하는 말이 있듯이 먼저 화를 내기보다는 왜 그런 일이 일어났는지를 생각하는 자세를 갖도록 해 봅시다. 화를 내지 않고 감정을 잘 다스려야 몸과 마음의 건강을 지킬 수수 있답니다.

사건을 해결하는 데 도움을 준 과학 지식은 무엇일까요?

여기에서 중요한 것은 사람이 기절을 할 때 무게 중심이 어느 쪽으로 쏠리느냐 문제입니다. 분명 스파이크와 록키는 기절하여 쓰러지면서 뒤로 넘어졌지요. 하지만 사람이 자연 상태에서 기절하여 쓰러질 때에는 앞으로 넘어지게 되어 있습니다.

그 이유는 사람은 머리가 앞쪽으로 튀어나와 있고 아울러 척추도 앞쪽으로 나와 있지요. 따라서 정신을 잃고 기절하는 경우 무게 중심 때문에 앞쪽으로 쓰러져야 합니다.

정답

부아라는 말은 순우리말로 숨을 쉬는 기관인 '폐'를 말하는 것입니다. 우리는 화가 나면 숨도 가빠지고 몸에서 열이 나는 것을 느낄 수 있지요. 따라서 부아가 치민다는 말은 우리 몸이 화를 내면서 반응하는 과정에서 나타나는 현상을 비유하는 것입니다. 이렇듯 화가 나면 우리의 몸도 같이 반응하게 되는 것이지요. 하지만 화를 내는 것은 우리 몸에 결코 좋지 않다는 것을 기억해야 합니다.

사건의 해결 — 엉터리 무술 묘기의 진실 편

　벅스는 엉터리 무술 묘기로 샐리에게 겁을 주려고 했다. 인사이클로피디아를 제외한 다른 사람들은 스파이크와 록키가 정말로 기절했다고 믿었다. 그리고 벅스가 마음만 먹었으면 샐리가 크게 다쳤을 것이라고 생각했다.
　인사이클로피디아는 스파이크와 록키가 가짜로 기절한 척한 것을 눈치채고서 그 이유를 샐리에게 귓속말로 알려 주었다.
　스파이크와 록키는 기절하면서 뒤로 넘어졌다. 서 있다가 의식을 잃거나 기절을 하는 사람은 뒤쪽으로 넘어지는 것이 아니라 앞쪽으로 넘어진다.

진짜 영웅? 가짜 영웅!

"쉿! 누군가 우리를 지켜보고 있는 것 같아."

샐리가 소곤거렸어요.

인사이클로피디아는 차고 밖을 내다보며 귀를 기울였어요. 차고 밖 나무의 잎사귀들이 부스럭거리는 소리만 희미하게 들릴 뿐 아무도 눈에 띄지 않았어요.

"조 쿠퍼일 거야."

인사이클로피디아가 나지막하게 말했어요.

바로 그때 빵! 빵! 하는 소리와 함께 덤불 속에서 이상한 옷차림을 한 남자아이가 뛰쳐나왔어요.

남자아이는 사슴 가죽옷에 너구리 털가죽 모자를 쓰고, 여

러 가지 색 구슬로 장식한 모카신을 신고 있었지요. 아이는 낡고 녹슨 라이플총을 들고 있었어요.

"조! 사람들을 그렇게 깜짝 놀라게 하고 다닐래?"

샐리가 꾸짖었어요.

"난 지금 전투태세야."

조가 말했어요.

쿠퍼 가문은 아이다빌 시의 토박이 집안 중 하나였어요. 아이다빌 지역에 야자수가 우거지고 인디언들이 살던 시절부터 정착해 살고 있었지요.

조는 누군가에게 화가 나면 '전투태세'를 했어요. 서부 시대 개척자처럼 옷을 입고 적을 향해 총을 쏘는 시늉을 하는 것이었어요. 그러고 나면 기분이 나아진다고 말이에요.

"두 사람 다 벌집으로 만들어 줄 수도 있어."

조가 의기양양하게 말했어요.

인사이클로피디아는 조의 라이플총이 무척 낡고 녹슬어 장난감 총만도 못하다는 걸 알고 있었어요.

"빗나간 게 천만다행이야."

소년 탐정은 조에게 장단을 맞춰 주었어요.

"일부러 빗나가게 했어. 오늘 나를 열 받게 한 사람은 네가 아니라 벅 칼혼이거든."

조가 말했어요.

"맙소사! 벅 칼혼이라면 죽은 지 100년도 넘은 사람이잖아. 그런 사람이 어떻게 너를 화나게 했다는 거야?"

인사이클로피디아가 물었어요.

"오늘 아침, 신문에 난 벅 칼혼에 대한 기사를 봤니?"

조가 한층 가라앉은 목소리로 말했어요.

인사이클로피디아가 고개를 끄덕였어요.

신문에는 포트 호프에서 벅 칼혼 동상을 세우는 기념식이 열린다는 기사가 있었어요. 동상은 1872년에 벅이 인디언들의 기습 공격으로부터 이주민들의 포장마차 대열을 구해 낸 걸 기리기 위해 세운 것이었어요.

"멍청한 군인이 영웅으로 둔갑했다니깐! 그 사람은 인디언들을 정찰하는 부대에 있으면 안 되는 사람이었어. 그 사람 지휘에 있던 제4기병대가 어찌나 많은 기습을 받았던지, 기병들은 그 사람이 장님이 아니면 인디언일 거라고 수군댔대."

잠시 숨을 돌린 조는 25센트를 휘발유 통 위에 소리 나게

놓았어요.

"네 도움을 받고 싶어. 우리 증조할아버지가 그 사람 때문에 부상을 당해 군대를 떠나셔야 했어. 벅 칼혼이 영웅이 아니었다는 사실을 밝혀 줘! 그러면 세워진 동상도 철거될 거야."

"최선을 다하겠지만 어려울 수도 있어."

인사이클로피디아가 조심스럽게 말했어요.

조가 떠난 뒤 샐리가 인사이클로피디아에게 물었어요.

"그 애의 부탁을 접수한 게 잘한 일일까? 이건 평범한 사건이 아니잖아. 어디서부터 시작해야 하지?"

"포트 호프에서. 가자."

인사이클로피디아가 대답했어요.

포트 호프는 아이다빌에서 서쪽으로 11마일 떨어져 있었어요. 그곳에는 1872년 때의 모습과 똑같이 요새가 복원되어 있었지요.

버스에서 내린 인사이클로피디아와 샐리는 요새 견학단과 마주쳤어요. 검은색 모자를 쓴 사람이 사람들을 이곳저곳으로 안내하고 있었어요.

"딱 맞춰 왔네."

인사이클로피디아가 샐리에게 소곤거렸어요.

안내자는 벅 칼혼의 동상 앞에서 멈추어 섰어요. 두 사설탐정은 견학단에 끼어 안내자의 이야기에 귀를 기울였어요.

"1872년 7월, 어느 날 밤이었어요. 제4기병대의 정찰병이었던 벅 칼혼은 500여 명의 정착 이주민으로 구성된 포장마차 대열의 대장이었어요."

안내자가 설명을 시작했어요.

"벅 칼혼은 이주민들의 포장마차 대열을 이끌고 포트 호프에 있는 요새로 이동해야 했어요. 그러자 포트 호프 주변에 살고 있던 인디언들이 전투태세에 들어갔지요. 벅 칼혼은 포트 호프에 다다르자 상황을 파악하기 위해 이 고개에 숨어서 적의 동태를 살폈어요."

안내자는 몸을 돌려 고개를 가리켰어요. 그 고개가 지금은 에머슨 거리로 변해 있었지요.

"비가 부슬부슬 내리는 데도 불구하고 고개에서는 요새가 잘 보였지요. 성조기가 자랑스럽게 바람에 나부끼고 있었고, 우리 군인들이 요새를 지키고 있었어요."

안내자는 사람들이 그 당시의 절박했던 상황을 상상해 보도록 잠깐 뜸을 들인 후 말을 이었어요.

"이를 본 벅 칼혼은 요새로 이동하는 데에 별 위험이 없겠다고 판단했어요. 그래서 자정이 지난 직후 고개를 내려가기 시작했어요. 하지만 요새 안에 있던 사람들은 우리 군인들을 모조리 죽인 후 옷을 바꿔 입고 기다리던 인디언들이었어요."

이야기를 듣고 있던 한 여자가 당시 상황을 상상한 듯 공포에 찬 외마디를 질렀어요. 안내자는 그녀에게 위로의 눈길을 보내며 이야기를 이어 갔어요.

"정착 이주민들이 탁 트인 곳으로 내려오자 인디언들이 함성을 지르고 총을 쏘아 대면서 요새에서 쏟아져 나왔어요. 포장마차 대열의 절반이 속수무책으로 죽어 갔지요. 남은 사람들이 당하는 건 시간문제였어요. 하지만 벅은 침착하게 기막힌 생각을 해냈지요. 대형 포장마차들을 차례로 줄을 세워 요새의 문을 향해 달리게 한 것이었어요."

움직이는 사람 하나 없이 모두들 집중해서 이야기를 들었어요. 사람들은 요새의 문을 향해 질주를 시작한 영웅의 이야기가 어떻게 결말이 날지 가슴 졸이고 있었지요.

"벽 칼훈이 생각했던 대로, 요새 문은 대형 포장마차 하나가 통과하면 딱 맞는 넓이였어요. 포장마차 옆에 붙어 쫓아 달려오는 인디언들이 함께 통과할 공간이 전혀 없었어요. 그래서 포장마차 대열이 모두 문을 통과해 들어간 순간 벽은 문을 닫아 걸었어요. 정착 이주민들은 요새 안에, 모든 인디언들은 요새 밖에 있는 상황이 펼쳐졌어요. 벽의 용기와 침착함, 재빠른 판단력이 남은 사람들을 살렸던 것입니다."

이야기가 끝나자 모두들 벽의 용감한 행동에 감동을 받은 듯 박수를 쳤어요. 그때 견학단과 함께 이야기를 듣고 있던 인사이클로피디아가 소리쳤어요.

"그 말은, 벽 칼훈의 멍청함 때문에 정착 이주민들이 절반이나 죽었다는 뜻이죠. 벽은 포장마차 대열을 고개 아래로 이끌고 내려가지 말았어야 했다고요!"

인사이클로피디아는 왜 그렇게 말을 했을까요?

○ 49쪽에 해결이 있어요.

 과학 솔루션

동상은 어떤 금속으로 만들어지나요?

금속의 합금

신문에는 포트 호프에서 벅 칼훈 동상을 세우는 기념식이 열린다는 기사가 있었어요. 동상은······.

여러분 주변에는 금속으로 만든 여러 가지 물건들이 있습니다. 이러한 물건들은 보통 한 가지 금속이 아닌 몇 가지를 섞어서 만든 것이 대부분입니다. 그 이유는 여러 가지 금속을 섞어서 만들면 처음보다 더욱 우수한 성질을 나타내기 때문이지요. 이것을 우리는 합금이라고 합니다.

이러한 금속 합금들은 아주 다양한 곳에 쓰이고 있지요. 지금부터 대표적인 합금에 대하여 좀 더 자세히 알아보도록 합시다.

먼저 아주 오래전부터 사용해 왔던 합금인 청동에 대하여 살펴보겠습니다. 청동은 구리와 주석을 넣어서 만든 합금으로 오래전 청동기 시대부터 사용되어 왔습니다. 청동은 구리와 주석을 따로 사용할 때보다 더욱 단단할 뿐만 아니라 녹는 온도도 낮아 제조 방법이 간단했지요. 그래서 오래전부터 동상이나 동전을 만드는 데 주로 사용되었습니다.

황동 역시 청동과 비슷한 이유에서 오래전부터 사용된 합금입니다. 황동은 구리와 아연을 섞은 것으로 주로 장식품이나 악기를 만드는 데 사용되었지요.

오늘날 주로 사용하는 합금으로는 두랄루민과 스테인리스강이 있습니다.

두랄루민은 알루미늄이라는 금속에 구리, 마그네슘, 망간을 넣어서 만든 합금입니다. 이 합금의 특징은 원래 알루미늄이 가지고 있지 않았던 단단한 성질을 개선한 것이지요. 따라서 알루미늄의 가벼운 성질을 유지하면서도 단단한 성질을 가지고 있어 주로 항공기나 자동차의 몸체에 사용됩니다.

또 스테인리스강은 철에 크롬과 니켈을 넣어 만든 합금입니다. 이 합금의 특징은 원래 철의 단점인 쉽게 녹이 슬어 썩는 성질을 개선한 것이지요. 따라서 녹이 슬지 않고 단단해서 주로 주방 용품을 만드는 데 사용됩니다.

그 밖의 합금으로 니켈에 크롬과 망간을 넣어 만든 합금인 니크롬이 있습니다. 니크롬은 주로 열

을 내는 전열기에 사용됩니다. 또 납에 주석을 넣어서 만든 땜납이 있으며 주로 금속을 붙이는 접합 재료로 사용되지요.

이처럼 합금은 우리 생활에서 다양한 용도로 사용되고 있습니다. 앞으로 더욱 우수한 성질을 가진 합금들이 개발되어 생활을 편리하게 해 줄 것을 기대해 봅니다.

재미있는 상식 : : : 국기에 대한 예의

국기는 그 나라를 대표하는 상징물이므로 소중하게 간직하고 보관해야 합니다. 따라서 각 나라마다 국기의 제작 방법과 치수, 게양 장소, 게양 일, 보관 방법 등을 정하고 있지요. 만약 국기를 이유 없이 훼손하거나 손상을 줄 경우는 처벌을 받을 수도 있습니다.

정답

여러분은 여러 지역에서 금속으로 만든 동상을 본 적이 있을 것입니다. 그렇다면 이러한 동상을 만드는 금속은 무엇일까요? 동상을 만드는 금속은 여러 가지가 있지만 가장 많이 사용하는 것이 청동입니다. 청동은 구리와 주석이라는 금속을 섞어서 만든 합금이지요. 이 합금은 부식이 잘 되지 않고 단단하기 때문에 많이 사용하고 있습니다. 이처럼 동상은 여러 가지 모양을 하고 있지만 그것을 만드는 재료는 정해져 있답니다.

사건의 해결 ## 진짜 영웅? 가짜 영웅! 편

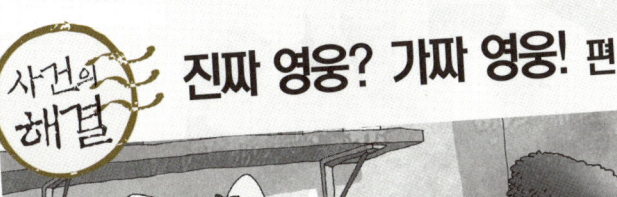

포트 호프의 요새를 접수한 뒤 인디언들은 성조기를 휘날리게 놔두었다. 인디언들은 성조기 게양에도 규칙이 있다는 것을 몰랐던 것이다.

그러나 벅 칼혼은 제4기병대에서 정찰을 하던 군인이었다. 당연히 해가 진 뒤나 비가 내리면 국기를 거둬들인다는 규칙을 알고 있어야 했다.

벅 칼혼은 고개를 내려오기 전에 성조기가 휘날리고 있는 것을 보았다. 한밤중이고 비가 내리고 있었는데도 성조기가 여전히 펄럭이고 있는 것은 요새에 무언가 일이 생겼다는 경고였다. 벅은 확실한 경고를 알아채지 못했던 것이다.

결국 벅 칼혼의 동상은 철거되었다.

서커스단에 숨은 도둑을 찾아라!

라이오넬 피스크가 물구나무서기를 한 채로 사설탐정소로 들어왔어요. 인사이클로피디아는 라이오넬의 모습을 보자마자 마을에 서커스단이 들어왔다는 것을 알았어요!

라이오넬은 아이다빌 시에서 곡예사가 되고 싶어 하는 유일한 아이였어요. 물구나무서기를 한 채로 만화책 한 권 정도는 거뜬히 읽었지요.

"너하고 샐리를 위해 서커스 표를 두 장 가져왔어."

라이오넬이 똑바로 서며 말했어요.

"우아, 고마워. 값이 꽤 나갈 텐데."

인사이클로피디아가 표를 받으며 말했어요.

"바니 삼촌이 나한테 보내 주신 거야. 바니 삼촌은 서커스단에서 광대를 하고 있어. 쇼가 끝나면 삼촌을 소개시켜 줄게."

라이오넬이 고개를 저으며 자랑스럽게 말했어요.

라이오넬은 인사이클로피디아 앞에서 다섯 번이나 뒤로 재주넘기를 한 후에야 사설탐정소를 떠났어요.

점심을 먹은 후 인사이클로피디아는 샐리와 함께 서커스 공연장으로 가는 버스를 탔어요. 서커스 공연장에 도착하자 라이오넬이 기다리고 있었어요. 라이오넬은 인사이클로피디아와 샐리를 관람석 맨 뒷줄 자리로 안내했어요.

곧 서커스 공연이 시작되었어요. 그런데 인사이클로피디아는 공연에 집중하기가 어려웠어요. 무대가 너무 멀어서 무대에서 재주를 부리는 코끼리들이 벼룩만큼 작아 보였거든요.

라이오넬은 바니 삼촌과 광대들이 나오자 신이 났어요. 바니 삼촌은 두려움을 모르는 기사 가드프리 경으로 분장하고 있었어요. 갑옷 대신 냄비며 프라이팬들을 둘러서 움직일 때마다 요란한 소리가 났지요.

서커스 공연이 끝나자 라이오넬은 인사이클로피디아와 샐

리를 데리고 바니 삼촌을 만나러 천막 뒤로 갔어요. 그곳에는 서커스 단원들의 집이자 이동 수단인 트레일러들이 세 줄로 늘어서 있었어요.

"잠깐만! 저쪽에 무슨 문제가 생긴 것 같아."

소년 탐정은 사자 머리가 그려진 트레일러를 가리키며 소리쳤어요. 열려 있는 트레일러 문 앞에 몇몇 서커스 단원들이 몰려 있었어요.

"의사를 불러!"

누군가 소리를 질렀어요.

"새로 온 광대 바니를 불러와! 이 일의 범인이야!"

공연에서 안장 없는 말을 타는 기사 역을 했던 키티가 소리쳤어요. 키티는 몸에 꼭 끼는 분홍색 공연 의상을 입고 부드러운 슬리퍼를 신고 있었어요.

"바니 삼촌에게 곤란한 일이 생겼나 봐."

라이오넬이 걱정스런 목소리로 말했어요. 셋은 서둘러 트레일러 가까이 다가갔어요.

의사가 도착하자 실내복을 입은 한 여자가 머리를 감싸 쥔 채 힘없이 트레일러에서 나왔어요.

"사자 조련사 마르타 공주다! 이 서커스 공연의 스타야."

라이오넬이 가르쳐 주었어요.

의사는 마르타 공주를 접이의자에 앉히고는 어떻게 된 일인지 물었어요.

"누군가 제 머리를 내려치고 돈을 훔쳐 갔어요."

마르타 공주가 말했어요.

"바니를 데려왔어."

우람한 체구의 남자가 바니 삼촌의 뒷덜미를 움켜쥔 채 말했어요.

남자는 바니 삼촌을 땅바닥으로 밀쳤어요. 그러자 몸에 두른 냄비들이 부딪혀 요란스러운 소리가 났어요.

"이 사람이 범인이야! 몇 분 전에 트레일러에서 빠져나오는 것을 내가 봤어. 저런 공연 의상을 입은 사람은 바니뿐이라고! 틀림없어!"

키티가 말했어요.

"있잖아, 키티. 내가 돈을 어디에 보관하는지는 우리 서커스단 사람이라면 모두 다 알고 있어. 도둑은 우리 단원이 아니야."

마르타 공주가 말했어요.

"바니는 예외야. 겨우 지난달에 우리 서커스단에 들어왔잖아."

우람한 남자가 말했어요.

바니 삼촌이 일어났어요. 딸그랑 소리를 내는 냄비와 프라이팬들을 잡느라 한참이나 애를 쓰다 겨우 입을 열었어요.

"몇 분 전에 마르타 공주 트레일러 앞을 지나갔어. 하지만 안으로는 들어가지 않았어. 난 돈을 훔치지 않았다고!"

"난 바니 말을 믿어."

마르타 공주가 말했어요.

"가만히 있어요. 머리에 주먹만 한 혹이 생겼어요."

의사가 말했어요.

"도둑이 절 무엇으로 친 건가요?"

마르타 공주가 물었어요.

"이것으로 쳤을 거야. 트레일러 밖에서 발견했어."

한 난쟁이가 프라이팬을 들어 보였어요.

"내 프라이팬이 아닌데?"

마르타 공주가 말했어요.

"바니 것이겠지. 몸에도 주렁주렁 달고 있잖아. 하나쯤 없어도 모를걸."

난쟁이가 말했어요.

"도둑을 보지 못했나요?"

의사가 마르타 공주에게 물었어요.

"네, 들어오는 소리도 못 들었는걸요. 문에 등을 기대고 앉아 뜨개질을 하고 있었어요. 그런데 갑자기 머리에 뭔가 쾅! 한 후에 정신을 잃었어요."

마르타 공주가 힘없이 말했어요.

"이야기는 이미 끝났어. 바니가 도둑이야!"

키티가 바니 삼촌을 노려보며 쏘아붙였어요. 그러자 우람한 남자가 다시 바니 삼촌의 뒷덜미를 붙잡고 흔들었어요.

"돈을 어디에 숨겨 놨어?"

"난 아무것도 훔치지 않았다니까! 내 말을 좀 믿어 줘!"

바니 삼촌이 결백을 주장했어요.

하지만 사람들은 바니 삼촌의 말을 믿지 않았지요. 오히려 분위기가 점점 더 험악해졌어요.

"삼촌을 해치려 하고 있어!"

라이오넬이 놀라서 소리쳤어요.

"인사이클로피디아! 정말 바니 삼촌이 범인일까?"

샐리가 소년 탐정에게 물었어요.

"바니 삼촌은 범인이 아니야."

인사이클로피디아는 확신에 찬 목소리로 대답했어요.

"바니 삼촌은 마르타 공주의 돈을 훔치지 않았어요."

인사이클로피디아가 바니 삼촌 앞을 막아서며 마르타 공주에게 말했어요.

마르타 공주가 호기심 어린 표정으로 소년 탐정에게 말했어요.

"바니가 도둑이 아니라고? 그럼 진짜 도둑이 누군지 말해 주겠니? 자신 있게 말하는 걸 보니 넌 누가 범인인지 알고 있는 것 같은데."

"그래요, 알고 있어요."

인사이클로피디아가 말했어요.

도둑은 과연 누구였을까요?　 ◐ 61쪽에 해결이 있어요.

과학 솔루션

벼룩은 어떤 곤충인가요?

해로운 곤충에 대하여

무대가 너무 멀어서 무대에서 재주를 부리는 코끼리들이 벼룩만큼 작아 보였거든요.

우리 주변에는 수많은 종류의 곤충이 살고 있습니다. 이러한 곤충 중에는 사람에게 각종 질병을 일으키는 원인이 되는 해로운 곤충이 있지요. 그런 곤충을 해충이라고 합니다. 해충은 사람뿐 아니라 동물에게도 나쁜 영향을 끼칩니다. 흔히 볼 수 있는 대표적인 해충으로는 벼룩, 바퀴벌레, 모기, 파리 등이 있습니다.

그럼 지금부터 해충에 대하여 좀 더 자세히 살펴보도록 하겠습니다.

먼저 벼룩은 납작한 모양을 하고 있으며 두 개의 홑눈을 가지고 있습니다. 더듬이는 짧고 굵으며 다리가 잘 발달되어 있지요. 암컷이 수컷보다 크며 모두 동물

벼룩

이나 사람의 피를 빨아 먹으며 살아갑니다. 무엇보다 벼룩은 알레르기성 피부염과 고열이 나는 전염병을 일으킵니다. 또한 과거에 페스트를 일으킨 원인이 되기도 했지요.

바퀴벌레는 종류가 약 4천여 종이나 되며 몸의 크기가 납작하고 편평합니다. 몸길이는 보통 1cm가 넘으며 색깔은 다갈색 혹은 흑갈색을 띠고 있습니다. 주로 어두운 곳이나 낙엽 더미, 돌 밑에 살지요.

바퀴벌레는 몸에 바이러스나 곰팡이·세균 등을 옮기고 다니며 각종 질병을 일으키기 때문입니다.

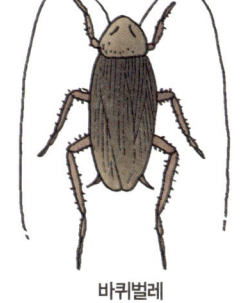
바퀴벌레

이번에는 모기에 대하여 알아봅시다. 모기는 약 3천 5백여 종이 있으며 머리에는 한 쌍의 더듬이, 한 쌍의 겹눈, 한 개의 긴 대롱 모양의 주둥이가 있습니다. 몸은 많은 비늘로 덮여 있으며 다리는 가늘고 길지요. 날개는 투명한 막으로 되어 있습니다.

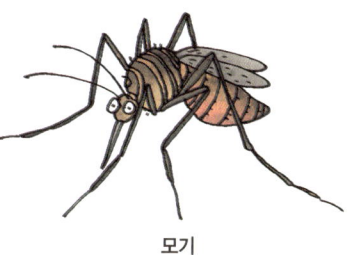
모기

모기는 말라리아, 뎅기열, 일본 뇌염 등의 전염병을 일으켜 사람을 죽음에 이르게까지 할 수 있습니다.

파리는 종류에 따라 크기가 다르지만 보통 2~3cm 정도입니다. 머리는 원형 또는 타원형이고, 털이 많이 나 있습니다. 겹눈은 머리의 대

파리

부분을 차지하고 정수리 부분에 작은 세 개의 홑눈이 있습니다. 입은 핥고 빨기 쉽게 생겼으며 날개는 투명한 막으로 되어 있지요.

파리가 해로운 이유는 몸에 난 털이 장티푸스, 콜레라, 이질 등의 병원체를 운반하는 역할을 하기 때문입니다.

이처럼 우리 주변에는 여러 가지 해로운 곤충이 있습니다. 우리는 어떤 해충이 있는지를 잘 알고 있어야 나쁜 질병을 예방하고 생활 환경을 개선해 나갈 수 있기 때문입니다.

정답

우리 주변에는 눈에 보이지 않는 작은 곤충인 벼룩이 있습니다. 벼룩은 몸길이가 2~4mm 정도의 아주 작은 곤충이지요. 하지만 다리가 아주 잘 발달되어 몸길이의 약 200배 이상까지 높이 뛸 수 있습니다. 벼룩은 사람이나 동물의 피를 빨아 먹으며 병원체를 옮겨 여러 가지 질병을 일으키는 해충이지요.

사건의 해결 — 서커스단에 숨은 도둑을 찾아라 편

마르타 공주는 도둑이 자신의 트레일러로 들어오는 소리를 못 들었다고 했다. 이 점이 바니 삼촌이 결백하다는 증거이다. 냄비며 프라이팬들을 갑옷으로 입은 바니 삼촌이 소리 내지 않고 움직이는 것은 불가능하기 때문이다.

인사이클로피디아는 바니 삼촌이 트레일러에서 나오는 것을 보았다고 주장한 부드러운 슬리퍼를 신고 있는 키티야말로 소리 없이 움직일 수 있다는 것을 처음부터 알고 있었다.

소년 탐정에게 허를 찔린 키티는 자백을 했다. 돈을 훔치고 바니 삼촌에게 누명을 씌운 것이다. 사람들이 서커스단에 들어온 지 얼마 안 된 바니 삼촌을 도둑으로 의심할 거라고 생각했기 때문이다.

겁에 질린 부자

"맥키 씨는 정말 못 말리겠어."

전화를 끊으며 브라운 경찰서장이 말했어요.

"세상에! 이른 아침부터 전화라니! 도대체 무슨 일이래요?"

브라운 부인의 질문에 브라운 경찰서장이 이마를 찌푸렸어요.

"맥키 씨를 잘 알잖소."

브라운 경찰서장이 아침 식탁에 앉으며 말을 이었어요.

"누군가 자신의 돈을 노리고 있지는 않은지 늘 걱정하는 사람이오."

"2주 전에는 집에 강도가 침입했다고 한밤중에 전화를 했잖아요!"

브라운 부인이 말했어요.

인사이클로피디아 역시 맥키 씨에 대해 잘 알고 있었어요. 맥키 씨의 부모님은 텍사스에 유전을 가지고 있는 어마어마한 부자였어요. 그 재산을 물려받은 덕에 맥키 씨는 아무 일을 하지 않고도 넉넉하게 살 수 있었지요. 하지만 자신의 재산을 누가 훔쳐 갈까 봐 늘 불안해했어요.

"그 사람은 가난한 사람들에게 재산을 기부하고 일을 해야 해요. 그럼 사소한 일에도 매번 불안해하며 살지 않아도 될 텐데. 지금은 또 뭐가 걱정이래요? 납치인가요?"

브라운 부인이 말했어요.

"납치될까 봐 걱정했던 건 지난주였어요."

인사이클로피디아가 말했어요.

"맥키 씨는 누군가 자신을 죽이려 한다고 생각하고 있어요. 전화로는 더 자세한 말을 하려고 하지 않더군. 그래서 출근하는 길에 잠깐 들르겠다고 했어요."

브라운 경찰서장이 말했어요.

인사이클로피디아는 즉시 따라가도 되느냐고 물었어요. 백

만장자를 직접 만나 보고 싶었거든요.

"그래, 돈 때문에 늘 걱정을 하며 사는 맥키 씨 같은 사람을 만나 보는 것도 좋은 경험이 될 거다."

브라운 경찰서장이 말했어요.

아침 식사 후 인사이클로피디아는 아빠를 따라나섰어요. 두 사람은 오전 8시경 맥키 씨 집 앞에 도착했어요. 그런데 브라운 부자보다 먼저 온 여자 손님이 있었어요.

"초인종은 이미 눌렀어요."

현관문 앞에서 맥키 씨가 문을 열어 주기를 기다리던 여자 손님이 말했어요.

여자는 브라운 경찰서장의 경찰 제복이 신경 쓰이는 듯 힐끔거렸어요.

"이 집에 무슨 문제라도 있나요? 저는 가정부를 구한다는 광고를 보고 왔는데. 문제가 있는 집에서는 일하고 싶지 않아서요."

브라운 경찰서장이 미처 대답을 하기 전에 문이 빠끔히 열렸어요. 열린 문틈으로 맥키 씨가 내다보았어요.

"브라운 경찰서장님! 와 주셨군요!"

맥키 씨가 반갑게 말했어요.

맥키 씨는 브라운 경찰서장의 얼굴을 확인하고는 문을 활짝 열었어요. 아직 잠옷 차림인 그는 며칠 동안 잠을 못 잔 사람 같았어요. 브라운 경찰서장이 아들을 소개하자 맥키 씨는 웃으면서 손을 내밀었어요. 소년 탐정과 악수를 하던 맥키 씨가 그제야 옆에 서 있는 여자를 보았어요.

"당신은 누구요?"

"전 몰리 해거티라고 합니다. 가정부를 구하신다는 광고를 보고 왔어요."

여자가 말했어요.

"아, 그렇지. 잠시 잊고 있었어요. 모두 들어오세요."

맥키 씨가 말했어요.

일행이 안으로 들어서자 맥키 씨가 말했어요.

"해거티 양, 미안하지만 지금은 해거티 양하고 일에 대한 이야기를 할 수가 없네요. 브라운 경찰서장님하고 나눌 이야기가 더 급해서요. 그런데 배가 고파 못 견디겠으니 먹을 것 좀 부탁해도 되겠소? 부엌에 필요한 건 다 있을 거예요."

해거티 양은 부엌이 어디 있는지 물은 후 그쪽으로 갔어요. 맥키 씨는 브라운 부자를 거실로 안내했어요.

"어제 가정부를 구한다는 광고를 신문에 냈어요. 이전 사람을 해고했거든요. 이것저것 기웃거리다가 저에게 들켰지요! 아무도 믿을 사람이 없어요!"

"이 집에서 혼자 사십니까?"

브라운 경찰서장이 물었어요.

"네, 전에는 가정부와 함께 지냈지만 지금은 혼자 살고 있어요. 가정부가 없으니 무섭고 두렵더군요. 혼자 있는 건 정말 싫어요. 해거티 양은 믿을 수 있는 사람이면 좋겠어요. 밝고 싹싹해 보여요."

인사이클로피디아는 가정부가 집에 없다고 잔뜩 겁에 질린 맥키 씨가 이상해 보였어요.

"그나저나 무엇 때문에 저를 보자고 하셨지요?"

브라운 경찰서장이 맥키씨에게 물었어요.

"다름 아니라 지난주에 알렌 마을에서 일어난 주유소 강도 사건을 아시나요?"

"물론입니다. 무장 강도 셋이 들어와 주유소 주인이 부상을 당했지요. 재판이 내일 열립니다."
브라운 경찰서장도 그 사건을 잘 알고 있었어요.
"제가 그 법정에 증인으로 서게 되었어요. 기름을 넣으려고 주유소에 들렀다가 강도 사건이 일어나는 장면을 모두 보고 말았거든요. 제가 유일한 증인이란 말입니다."
맥키 씨가 말했어요.
갑자기 브라운 경찰서장의 얼굴에 걱정하는 표정이 스쳤어요.
"무장 강도 일당이 맥키 씨가 법정에 서지 못하도록 무슨 짓을 할까 봐 걱정이 되시는 거군요?"
"그 사람들이 절 죽일 거예요!"
맥키 씨가 두려움에 찬 목소리로 말했어요.
"경찰의 보호가 필요해요! 요즘 제가 어떻게 지내는지 모르실 거예요. 정말 두려워요. 사람들이 다니는 낮에만 문을 꼭 잠그고 잠을 잤어요. 밤에는 무서워서 잠을 잘 수가 없었거든요. 어젯밤도 뜬눈으로 지새웠어요. 그나저나 배가 고픈데 부엌에서는 왜 연락이 없지? 배를 채우고 잠을 좀 자고 싶어요."
맥키 씨가 말했어요.

해거티 양이 음식을 들고 들어올 즈음, 맥키 씨는 기운이 없어 더 이상 말을 못했어요. 해거티 양은 맥키 씨 옆의 테이블에 수프와 먹음직스러운 스테이크 그리고 아이스티 한 잔을 올려놓았어요.

"아주 좋아요, 고맙소."

허겁지겁 스테이크를 썰며 맥키 씨가 웅얼거렸어요.

갑자기 인사이클로피디아가 소리쳤어요.

"먹으면 안 돼요!"

브라운 경찰서장도 번개처럼 상황을 깨달았어요. 그리고 뒷문으로 달아나려는 해거티 양을 붙잡았어요.

"도대체 뭐가 어떻게 된 거지요?"

맥키 씨가 어리둥절한 표정을 지으며 물었어요.

"해거티 양은 주유소를 털려 했던 무장 강도들과 한패예요."

인사이클로피디아가 대답했어요.

인사이클로피디아는 그것을 어떻게 알았을까요?

○ 73쪽에 해결이 있어요.

석유는 어떻게 만들어지나요?

석유에 대하여

맥키 씨의 부모님은 텍사스에 유전을 가지고 있는 어마어마한 부자였어요. 그 재산을 물려받은 덕에…….

　석유는 지금 우리가 사용하는 대부분의 것을 만드는 아주 중요한 원료입니다. 가장 흔히 난방이나 자동차의 연료에서부터 옷감이나 필름, 의약품에 이르기까지 다양한 분야에 사용되고 있지요. 따라서 석유는 우리에게 정말 중요한 존재입니다.

　석유는 아주 오래전에 땅속에 묻힌 생명체들이 지압과 지열의 작용을 받아 화학 변화를 일으켜 생성된 액체 상태의 탄화수소를 말합니다. 보통 석유를 원유라고도 하는데 색깔은 검은색이나 갈색을 띠고 있는 것이 대부분이지요.

　석유는 보통 한곳에 많은 양이 매장되어 있지만 세계 곳곳에 이런 매장지가 퍼져 있습니다.

　그럼 석유는 어떤 성분들로 이루어져 있을까요? 석유를 이루고 있는 성분들에 대하여 알기 위해서는 석

●관련 과학 교과 3학년 1학기 1단원 - 우리 생활과 물질

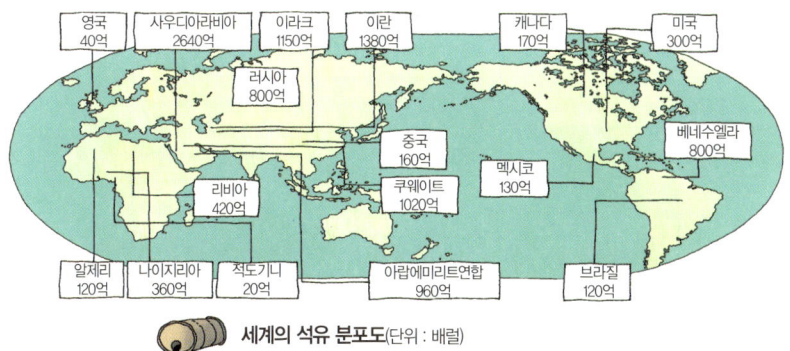

세계의 석유 분포도(단위 : 배럴)

유를 거대한 증류탑에 넣고 가열하면 됩니다. 끓는점이 낮은 것부터 높은 순으로 기화되어 분리되지요. 이렇게 분리되는 순서를 살펴보면 석유가스, 나프타, 등유, 경유, 중유, 아스팔트의 순서가 됩니다.

석유가스는 주성분이 프로판과 부탄이며 주로 가정이나 자동차의 원료로 사용됩니다. 나프타는 가공하여 휘발유나 에틸렌, 프로필렌 등의 화학 공업 연료로 사용되지요. 등유는 주로 가정의 석유난로에 사용되며, 경유는 디젤 엔진의 연료가 됩니다. 중유는 유조선의 연료로 사용되고 아스팔트는 도로 포장의 원료가 됩니다.

이번에는 석유에서 여러 단계를 거쳐 만들어지는 석유 화학 제품에 대하여 살펴보겠습니다. 대표적인 것으로 합성섬유인 나일론을 이용한 의복, 폴리염화비닐을 이용한 PVC 파이프가 있지요. 또 폴리스티렌을 이용한 용기나 스티로폼이 있고 폴리프로필렌을 이용한 필름이 있습니다. 그 밖에 열에 강한 테플론을 이용한 코팅제와 에틸렌글리

과학 솔루션

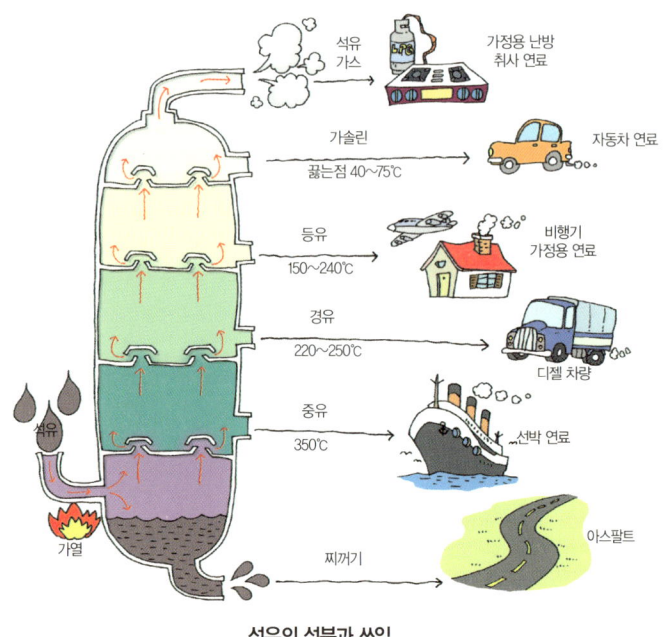

석유의 성분과 쓰임

콜을 이용한 자동차 부동액 등이 있답니다. 이처럼 석유에서 얻어지는 성분들은 여러 가지 과정을 거쳐 우리 생활에 유용하게 이용되지요.

정답

석유는 우리에게 꼭 필요한 것들을 제공해 주는 아주 중요한 것이지요. 그렇다면 석유는 어떻게 만들어지는 것일까요? 석유는 아주 오래전에 살던 생물체들이 땅속에 묻힌 후 여러 가지 화학적인 변화를 거쳐서 변한 것을 말합니다. 아울러 석유는 보통 원유라고 하며 그 속에 다양한 물질이 들어 있어 성분을 분리하여 사용하고 있답니다.

겁에 질린 부자 편

 인사이클로피디아는 몰리 해거티가 맥키 씨에 대해 지나치게 아는 것이 많다는 것을 깨달았다. 그녀는 맥키 씨가 밤에 잠을 자지 않고 낮에 잠을 잤다는 사실을 알고 있었다!
 아침 8시에 잠옷에 슬리퍼를 신고 있는 맥키 씨를 본 후 보통의 가정부라면 흔히 먹는 아침 식사, 즉 시리얼에 과일, 토스트 같은 간단한 식사를 준비했을 것이다. 하지만 몰리 해거티는 주로 저녁 식사로 먹는 수프와 스테이크를 가져온 것이다!
 옴짝달싹 못하게 된 몰리 해거티는 자백을 했다. 여러 날 동안 맥키 씨를 감시하다가 가정부를 구한다는 광고를 보고 찾아왔던 것이다. 음식에 수면제를 넣어 맥키 씨가 잠에 곯아떨어져 재판정에 못 나오게 하려는 목적이었다.

헤어드라이어 사건의 비밀

브라운 사설탐정소 앞에서 샐리가 자전거를 멈춰 세웠어요.

"불이 났어! 글레이드 극장에 불이 났어!"

샐리가 흥분해 소리쳤어요.

인사이클로피디아는 불이 난 것을 본 적이 한 번도 없었어요. 해결 중인 사건이 없었던지라 인사이클로피디아는 곧바로 사설탐정소 문을 닫고 샐리와 함께 자전거를 타고 시내로 향했어요.

"다친 사람은 없겠지?"

샐리가 말했어요.

"이제 겨우 3시야. 첫 공연은 5시에 시작해. 불이 나기 시작했을 때 극장은 텅 비어 있었을 거야."

인사이클로피디아가 말했어요.

둘이 극장에 도착했을 때는 이미 불이 꺼진 뒤였어요. 구경하던 사람들도 대부분 흩어지고 소방관들은 소방차의 호스를 되감고 있었지요.

두 탐정은 주변을 서성이며 소방관들이 하는 일을 지켜보았어요. 마침내 모든 장비들이 정리되고 소방차가 떠났어요. 소방차가 지나가도록 멈춰 섰던 자동차들도 다시 거리를 오가기 시작했어요.

인사이클로피디아와 샐리도 사설탐정소로 다시 되돌아가기 위해 자전거를 끌고 걸었어요.

"인사이클로피디아, 저길 봐!"

샐리가 놀란 듯 갑자기 소리를 질렀어요.

어떤 남자가 상점들이 늘어선 사이의 골목에서 손으로 머리를 감싼 채 비틀거리고 있었어요. 자세히 보니 도로를 사이에 두고 극장과 마주보는 상가 모퉁이에서 미용실을 하고 있는 조겐스 씨였어요. 인사이클로피디아와 샐리는 조겐스 씨가 화재로 다친 것이라 생각하고 급히 달려갔어요.

"강도를 당했어!"

조겐스 씨가 가로등에 넘어지듯 기대어 서며 외쳤어요.

둘은 조겐스 씨를 부축해서 미용실로 갔어요. 미용실에는 남편의 가게 일을 돕는 조겐스 부인이 혼자 있었어요.

"강도를 만나 얻어맞았다오."

조겐스 씨가 부인에게 말했어요.

"누, 누가 그랬어요?"

조겐스 부인이 놀라서 소리를 질렀어요.

"모르겠소. 그 점이 수수께끼구려."

조겐스 씨가 말했어요.

조겐스 부인이 의사를 부르러 급히 달려 나갔어요. 샐리도 밖으로 뛰어가 불이 난 극장 주변을 조사하고 있던 윌슨 경관을 불러왔어요.

조겐스 씨의 머리에 난 혹을 본 윌슨 경관이 물었어요.

"말씀하실 수 있겠어요? 어떻게 된 일인지."

"말할 수 있어요. 하지만 해 줄 말은 별로 없어요. 은행에 가려고 골목길을 걷는데 누군가가 뒤에서 나를 쳤어요. 누군지는 보지 못했어요."

조겐스 씨가 대답했어요.

"은행 가실 때면 골목을 통해 가십니까?"

"그렇소, 지름길이거든요. 보통 금요일마다 가는데 오늘은 다른 날보다 현금이 많이 들어왔기 때문에 은행엘 간 거라오."

"당신이 오늘 은행에 갈 거란 걸 아는 사람이 누구지요?"

"제 아내밖에는 아무도 모릅니다."

바로 그때 조겐스 부인이 의사와 함께 돌아왔어요. 의사는 조겐스 씨의 머리를 살펴보고 얼굴을 찌푸렸어요.

"병원으로 가시는 게 좋겠습니다. 엑스레이를 찍어 봐야겠어요."

"잠시만요! 조겐스 씨, 당신이 오늘 은행에 갈 것을 다른 누군가가 어쩌다가 알게 될 수도 있지 않았을까요?"

"그 사람들이 나를 볼 수는 있었겠지만 내가 무슨 말을 하는지는 들을 수 없었을 거예요."

조겐스 씨가 말했어요.

"그게 무슨 말씀인가요?"

"제가 아내에게 은행에 다녀오겠다고 말할 때 여자 손님이 세 분 있었어요. 헤어드라이어로 머리를 말리는 중이었지

요. 헤어드라이어 소리가 엄청 시끄럽다는 것은 아시죠? 제가 크게 소리쳐 말하지 않는 이상, 그 세 손님들은 제 말을 들을 수 없었을 겁니다."

"어쩌면 여기서 일하는 누군가가 들었을 수도 있지 않겠어요?"

"보조 미용사가 한 명 있어요. 하지만 오늘은 쉬는 날이라 안 나왔어요."

조겐스 부인이 대신 대답했어요.

"부인께 오늘 은행에 갈 거라고 알리신 뒤 얼마나 있다가 나가셨지요?"

"은행에 가겠다고 말한 건 2시경이었어요. 극장에 불이 나 소방차들이 도착한 직후였지요. 30분쯤 후에 은행에 가려고 미용실을 나섰어요."

"돈은 얼마나 빼앗겼나요?"

"720달러요."

윌슨 경관은 들은 것을 모두 수첩에 꼼꼼하게 적었어요. 그리고 조겐스 씨한테 인사를 한 후 밖으로 나가며 머리를 절레절레 흔들었어요. 도둑을 잡을 가망이 없다고 생각하는 듯했어요.

인사이클로피디아는 아무 말도 하지 않았어요.

그날 저녁, 식탁에 가족이 둘러앉아 식사를 하면서 브라운 경찰서장이 그 사건에 대해 먼저 입을 열었어요.

"조겐스 씨가 은행 갈 것을 알고 있던 사람은 그 부인뿐이었어. 하지만 그 부인이 그랬을 리는 없어. 그 부부는 결혼해서 30년을 정답게 살아온 사람들이야."

"조겐스 부인은 범인이 아니에요."

인사이클로피디아가 말했어요.

"나도 그렇게 생각한단다. 그럼 도대체 누가 범인일까?"

"범인은 헤어드라이어로 머리를 말리던 세 여자 손님들 중 하나예요."

"그럴 리가! 헤어드라이어 소리가 얼마나 시끄러운지는 너도 알잖니. 조겐스 씨가 부인한테 은행에 갈 거라고 하는 말을 들었을 리가 없어."

"범인은 조겐스 씨가 하는 말을 듣지 않았어요, 아빠."

"듣지 않았다고?"

"네. 아무도 듣지 못했어요. 그래서 사건을 간단하게 해결할 수 있었고요."
"르로이! 너 농담하는 거니?"
엄마가 꾸짖듯 말했어요.
"엄마, 저 농담 아니에요. 아빠는 이제 그것만 알아내시면 돼요. 그 세 손님들 중에서 누가……."

인사이클로피디아가 하려던 다음 말은 무엇일까요?

◐ 85쪽에 해결이 있어요.

과학 솔루션

불은 어떤 조건에서 나나요?

물질의 연소

"불이 났어! 글레이드 극장에 불이 났어!" 샐리가 흥분해 소리쳤어요. 인사이 클로피디아는 불이 난 것을……

화재는 연소에 필요한 조건이 모두 갖추어졌기 때문에 일어나는 사고입니다. 연소란 어떤 물질이 공기 중의 산소와 반응하여 열과 빛을 내는 화학 반응을 말합니다.

연소가 일어나기 위해서는 꼭 필요한 조건이 있지요. 그 조건은 발화점 이상의 충분한 온도, 탈 수 있는 물질이나 연료, 공기 중의 충분한 산소 세 가지입니다. 이 중에서 한 가지라도 부족하면 연소는 일어날 수 없지요.

그럼 연소에 필요한 세 가지 조건에 대하여 좀 더 자세히 알아볼까요?

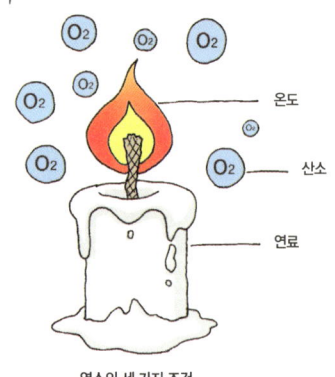

연소의 세 가지 조건

먼저 발화점 이상의 온도가 있어야 합니다. 발화점이란 물질이 열을 받아 불이 붙기 시작하는 온도를 말하지요. 이때 발화점이 낮을수록 불이 붙기 쉽습니다. 우리가 보통 물을 뿌려 불을 끄는 것은 발화점을 낮추기 위한 것이지요.

두 번째로 탈 수 있는 물질이 있어야 연소가 일어납니다. 가장 쉬운 예로 가스레인지의 원리를 생각하면 되지요. 가스가 나오지 못하게 막는 가스밸브를 잠그면 불이 꺼지는 것처럼 지속적으로 탈 수 있는 물질이 공급되어야 연소가 일어납니다.

세 번째로 충분한 양의 산소가 있어야 하지요. 우리가 알코올램프의 불을 끌 때 뚜껑을 덮는 것은 산소를 차단하여 연소를 막는 것입니다.

이렇게 세 가지 조건이 모두 충족되어야 연소가 일어납니다. 따라서 불을 끌 때에도 이 세 가지 조건을 없애야 합니다.

이번에는 연소가 일어날 때 발생하는 물질에 대하여 살펴보겠습니다. 일반적으로 물질의 연소가 일어나면 이산화탄소와 물이 발생합니다.

이것은 간단한 실험을 통하여 확인할 수 있지요.

초를 켜고 병을 거꾸로 세워 촛불 가까이에 대고 연소할 때 발생하는 물질을 모읍니다.

과학 솔루션

←석회수

↑
염화코발트
종이

이때 이산화탄소가 생겼는지 확인하기 위해서는 석회수를 이용합니다. 이산화탄소는 석회수와 반응을 하면 탄산칼슘을 만드는데 이 물질은 물에 녹지 않고 가라앉지요. 따라서 병에 석회수를 넣었을 때 무색의 석회수 색깔이 점점 뿌옇게 변하면 연소할 때 이산화탄소가 생겼다는 것을 확인할 수 있습니다.

물은 푸른색 염화코발트 종이로 확인할 수 있습니다. 물은 코발트 이온과 결합을 하면서 색깔이 붉게 변하기 때문에 눈으로 관찰할 수 있지요. 병의 벽면에 염화코발트 종이를 댔을 때 색이 붉게 변하면 연소할 때 물이 생긴 것을 확인할 수 있습니다.

정답

불은 어떤 조건에서 날까요? 불이 일어나려면 세 가지 조건을 만족시켜야 합니다. 불을 일으킬 수 있는 온도인 발화점 이상의 온도, 탈 수 있는 물질이나 연료, 충분한 양의 산소이지요. 만약 이 세 가지 조건을 모두 만족하지 않는다면 불은 금방 꺼지게 됩니다. 이처럼 불이 일어나려면 반드시 충분한 조건이 있어야 가능하답니다.

헤어드라이어 사건의 비밀 편

인사이클로피디아가 하려던 말은 누가 청각 장애인이냐는 것이다. 헤어드라이어 소리에 다른 소리들이 묻혀 버렸기 때문에 범인은 조겐스 씨가 무슨 말을 하는지 듣지 못했을 것이다. 하지만 범인은 여느 청각 장애인들처럼 입의 움직이는 모양을 보고 무슨 말을 하는지 알 수 있었다! 그래서 조겐스 씨가 돈을 입금하러 은행에 간다고 부인에게 하는 말을 입 모양을 보고 알았던 것이다.

다음날 브라운 경찰서장은 세 명의 손님들 중 오브라이언 부인이 청각 장애인인 것을 알아냈다. 오브라이언 부인은 결국 자백을 했다.

큐피트 화살을 쏜 범인을 찾아라!

 타이론 테일러는 아이다빌 시에서 알아주는 꼬마 바람둥이였어요. 언제나 매번 다른 상대의 여자아이와 손을 잡고 다녔지요. 그런데 브라운 사설탐정소에 들어선 날 아침, 타이론의 손에는 화살이 하나 들려 있었어요.
 "사랑을 이루어 준다는 큐피트 화살이 날아왔어. 맞았더라면 어땠을지 끝을 한번 만져 봐!"
 타이론이 말했어요.
 인사이클로피디아는 화살 끝을 만져 보았어요. 바늘처럼 뾰족했지요.
 "맞으면 죽을 수도 있겠는걸."

소년 탐정이 타이론의 말에 맞장구를 쳤어요.

"지금 당장 이 사건을 해결해 줘. 도대체 누가 화살을 쏜 걸까?"

25센트를 휘발유 통 위에 탕! 소리 나게 놓으며 타이론이 말했어요.

인사이클로피디아는 타이론이 놓은 동전을 되돌려 주며 말했어요.

"차라리 '외로운 영혼에게'라는 신문 코너에 편지를 해. 사랑에 대한 일을 조언해 주는 코너잖아. 큐피트의 일은 나하고는 안 맞아."

"큐피트가 쏘았을 수도 있고 아니면 질투에 눈이 먼 경쟁자가 나를 무찌르려고 한 짓일 수도 있어!"

"너, 다른 애의 여자 친구를 빼앗았니?"

"내가 설마! 지금 난 루스 골드스타인에게 빠져 있어. 우리 반 남자애들 모두 그 애를 좋아할걸? 남자애들 중에서 경쟁자들을 한 명씩 물리치고 루스를 차지하려는 애가 있을지도 몰라. 1주일 후면 아이다빌 시가 인디언의 급습이라도 받은 것같이 변할지도 모른다고!"

타일론이 흥분하며 이야기했어요.

인사이클로피디아는 화살들이 날아다니고 5학년의 절반이 녹초가 되어 나가떨어져 있는 광경이 그려졌어요. 이건 비상사태였어요!

"사건을 받겠어. 처음부터 이야기해 봐."

소년 탐정이 재빨리 말했어요.

"1시간도 안 된 일이야. 난 루스를 생각하면서 나무 그늘에 앉아 있었어. 선물을 사 주면 루스도 날 좋아하지 않을까 생각했지. 하지만 선물을 살 돈이 없어 고민 중이었는데, 갑자기 휙! 하면서 화살이 날아와 내 머리 바로 위에 꽂히지 뭐야!"

타이론은 일어나 나무에 박힌 화살을 뽑는 시늉을 했어요.

"내가 조금만 더 키가 컸어도 큰일 날 뻔했어. 화살이 아니었더라도 이 다이아몬드에 맞아 나가떨어질 뻔했다니까."

타이론은 주머니에서 다이아몬드를 꺼냈어요. 지금껏 인사이클로피디아가 본 보석 중 가장 컸지요.

"이 다이아몬드가 화살에 묶여 있었어. 루스한테 줄 선물로는 딱이야! 내가 큐피트의 화살이라고 한 말이 무슨 뜻인지 이제 알겠지?"

"네가 어디에 앉아 있었는지 가 보자."

"크레인 씨 저택 앞에 늘어선 나무 밑에 앉아 있었어."

크레인 씨는 아이다빌 시에서 손꼽는 갑부 중 하나였어요. 크레인 씨의 화려한 저택이 보이는 곳에 이르렀을 때 타이론이 우뚝 멈춰 섰어요.

"경찰이다!"

경찰차 세 대가 집 근처에 세워져 있었고 경찰들이 무언가를 찾는 듯 땅바닥을 살피며 돌아다녔어요.

"난 경찰들과 부딪히고 싶지는 않아. 사랑의 선물도 필요 없어. 난 겁이 나서 그만 가 봐야겠다."

타이론은 화살과 다이아몬드를 인사이클로피디아의 손에 쥐어 주고 도망치듯 가 버렸어요. 바로 다음 순간 소년 탐정은 아빠가 부르는 소리를 들었어요.

"잘 왔다, 르로이. 수수께끼 같은 사건이 생겼지 뭐냐."

브라운 경찰서장이 작은 소리로 말했어요. 브라운 경찰서장은 인사이클로피디아에게 그날 아침 크레인 씨 집에서 일어난 사건을 들려주었어요.

크레인 씨에게는 세상에서 가장 크고 값비싼 다이아몬드들 중 하나인 그린우드 다이아몬드가 있었어요. 집에 혼자 있던 크레인 씨는 1시간 전쯤에 누군가 창문을 강제로 여는 소리를 들었어요. 도둑이 든 것으로 생각한 크레인 씨는 서재로 달려갔어요. 진열장 안에 있던 다이아몬드를 꺼내 들고 벽에 걸려 있던 활과 화살도 집어 들었어요. 그리고 재빨리 다이아몬드를 화살에 묶은 다음, 집 뒤 계단 쪽으로 달렸어요.

좁은 계단을 반쯤 올라가니 창문이 있었어요. 크레인 씨는 창문을 열고 활에 화살을 끼웠어요.

곧이어 얼굴에 복면을 한 사람이 계단 아래에 나타났어요. 그 강도는 크레인 씨가 무엇을 하려는지 눈치를 채고 계단을 뛰어 올라왔어요. 하지만 너무 늦었지요.

크레인 씨가 활시위를 놓자 다이아몬드를 매단 화살이 창문 밖으로 날아가 버렸으니까요. 화가 난 복면강도는 크레인 씨에게 주먹질을 해 댄 후 도망을 쳤어요.

"크레인 씨는 지금 병원에 있다. 다행히 심하게 다친 것은 아니란다. 크레인 씨는 그 복면강도가 홀트 씨였을 거라고 생각해. 홀트 씨가 2년 동안이나 그 다이아몬드를 팔라고 졸랐다는구나. 최근에는 협박까지 했다고 해."

브라운 경찰서장이 말했어요.

"홀트 씨는 심문해 보셨어요?"

인사이클로피디아가 물었어요.

"아직. 홀트 씨를 이곳으로 데려오고 있는 중이다. 더 큰 문제는 홀트 씨였든 누구였든 간에 그 복면강도가 다이아몬드를 찾아냈는지 다이아몬드가 없어졌단다."

"다이아몬드는 타이론 테일러가 찾아냈어요."

소년 탐정은 등 뒤에 감추고 있던 화살과 다이아몬드를 내놓으며 타이론이 겪은 일을 이야기했어요. 그리고 한 가지 묘안을 이야기했어요.

"아빠 복면강도가 홀트 씨라면 그 사람을 잡을 방법이 있어요."

두 부자는 좁은 계단의 입구에 서서 파크스 경관이 데려오는 홀트 씨를 맞았어요.

"도대체 왜 이러십니까?"

홀트 씨가 따지듯 물었어요.

"오늘 아침 크레인 씨가 복면강도에게 구타를 당했습니다. 크레인 씨의 그린우드 다이아몬드도 사라졌죠. 오늘 아침 이 집에 계셨나요?"

"아니요! 그리고 이게 다 무슨 일인지 영문을 모르겠군요.

다이아몬드가 사라졌다고요? 어서 다이아몬드를 찾으세요! 그 다이아몬드는 제가 사고 싶다고요!"

홀트 씨는 브라운 경찰서장을 쏘아보며 소리쳤어요.

브라운 경찰서장이 좁은 계단을 유심히 바라보며 이야기했어요.

"다이아몬드는 찾기 어렵지 않을 것입니다. 화살 한 발이면 닿는 곳에 있으니까요."

"그렇다면 거기 왜 그렇게 서 있는 겁니까? 얼른 밖으로 나가서 다이아몬드를 찾으세요!"

홀트 씨가 소리를 질렀어요.

"홀트 씨를 체포하게."

브라운 경찰서장이 파크스 경관에게 말했어요.

홀트 씨가 끌려 나간 뒤 브라운 경찰서장이 인사이클로피디아에게 말했어요.

"네 계획이 성공했구나, 르로이."

홀트 씨를 체포되게 만든 인사이클로피디아의 계획은 어떤 것이었을까요?   ◐ 97쪽에 해결이 있어요.

과학 솔루션

나무 그늘의 넓이가 달라지는 이유는 무엇인가요?

태양의 고도

"1시간도 안 된 일이야. 난 루스를 생각하면서 나무 그늘에 앉아 있었어. 선물을 사 주면 루스도 날 좋아하지 않을까……."

여러분은 더운 여름철에 시원한 나무 그늘에 들어가 본 적이 있을 것입니다. 그리고 시간이 지남에 따라 나무 그늘의 넓이가 변하는 것을 눈으로 볼 수 있지요. 그것은 나무 그늘의 모양이 태양의 고도에 따라 달라지기 때문입니다.

하루를 기준으로 태양의 고도는 점점 달라지는데 이로 인하여 물체의 그림자 길이와 넓이도 변하게 되지요.

먼저 태양의 고도에 따른 물체의 그림자 길이 변화를 알아봅시다. 하루를 기준으로 태양의 고도는 낮 12시에 가장 높습니다. 아침에는 고도가 낮다가 낮으로 갈수록 점점 높아지고 저녁으로 갈수록 다시 낮아지게 되지요.

이때, 그림자의 길이는 반대로 나타납니다. 즉, 아침

●관련 과학 교과 3학년 1학기 4단원 - 날씨와 우리 생활 / 6학년 2학기 1단원 - 날씨의 변화

에는 그림자의 길이가 길다가 12시경에는 가장 짧아지고 그 후에는 다시 길어지게 되는 것입니다.

우리는 막대와 실, 각도기를 이용하여 간단한 태양 고도 측정기를 만들 수 있지요. 이 장치를 통하여 아주 쉽게 그림자의 길이와 각도를 측정할 수 있습니다.

태양의 고도에 따라 온도도 달라집니다. 하루의 기온을 살펴보면

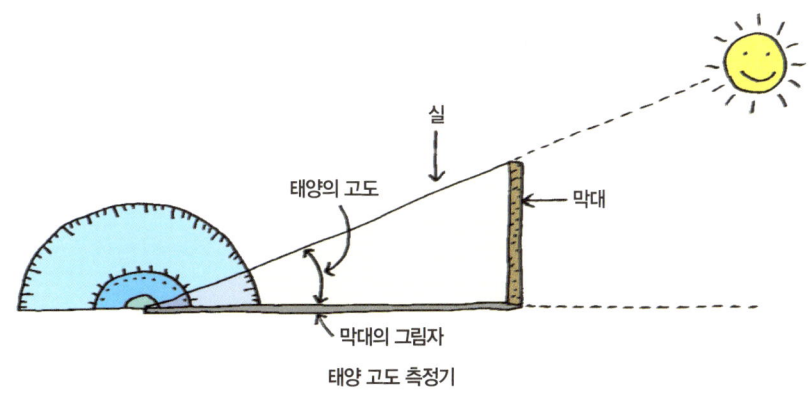

태양 고도 측정기

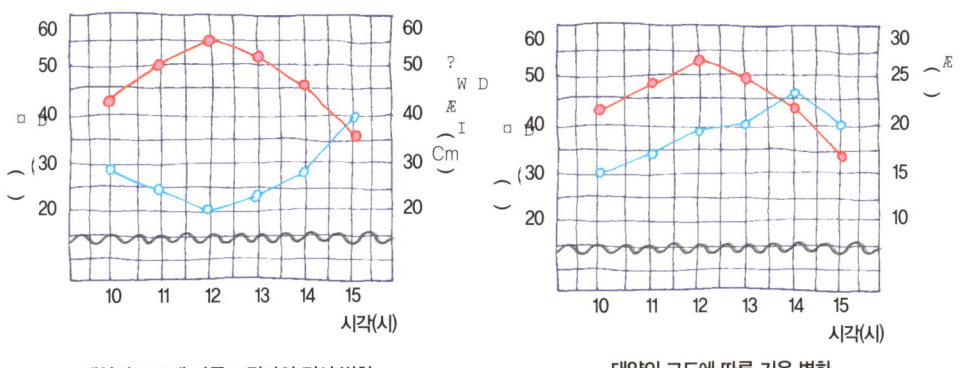

태양의 고도에 따른 그림자의 길이 변화   태양의 고도에 따른 기온 변화

과학 솔루션

아침에는 온도가 낮고 낮에는 온도가 높지요. 그리고 저녁이 되면 다시 온도가 낮아집니다.

이것은 태양의 고도가 높을수록 단위 면적당 지면이 받는 태양에너지의 양이 많아지기 때문입니다. 따라서 태양의 고도가 높은 한낮에는 더욱 많은 양의 태양에너지가 지면에 도달하므로 기온이 올라가게 되는 것입니다. 이와 같이 태양의 고도는 온도를 다르게 변화시킬 수 있지요.

재미있는 과학 상식 :::화살의 특징

화살은 활을 이용하여 날아가게 하는 구조물을 말합니다. 대부분의 활은 세 부분으로 나뉘는데 화살촉, 화살대, 깃이지요. 화살촉은 화살의 머리 부분으로 돌이나 금속을 날카롭게 만들어 부착하며 일부 원주민들은 여기에 독을 묻혀 사냥을 하기도 합니다. 화살대는 주로 긴 나무나 대나무로 만들며 깃 부분은 새의 깃털이나 장식품을 달아 장식을 합니다.

정답

나무 그늘이 시간에 따라 점점 변하는 이유는 태양의 고도가 변하기 때문입니다. 태양의 고도가 점점 높아짐에 따라 나무의 그림자의 길이가 짧아지면서 넓이가 줄어들게 되는 것이지요. 반면 저녁으로 갈수록 다시 태양의 고도가 낮아지면서 그림자가 길어지고 넓이도 커지게 되는 것입니다.

사건의 해결 큐피트 화살을 쏜 범인 편

　브라운 경찰서장은 다이아몬드가 있는 곳에 대해 이야기를 할 때 인사이클로피디아가 부탁한 대로 "화살 한 발이면 닿는 곳에 있으니까요."라고 말했다.
　여기에 홀트 씨는 이렇게 반응했다.
　"얼른 밖으로 나가서 다이아몬드를 찾으세요!"라고.
　만약 홀트 씨가 자신의 말대로 결백하다면 "어서 다이아몬드를 찾으세요!"라는 말만 했을 것이다. 이 사건과 관계없는 사람이라면 화살과 활에 대해 알지 못했을 테니까. 브라운 소장의 말을 들었을 때 '가까운 곳'으로만 알아들었을 것이다.

개를 다치게 한 진짜 이유

저녁 식탁에서 어려운 사건이 해결되면 인사이클로피디아는 그날 저녁 집안일 돕는 것을 면제받곤 했어요. 덴톤 슈퍼마켓의 도난 사건을 해결한 뒤 인사이클로피디아는 후식으로 케이크를 먹으며 느긋하게 쉬고 있었어요.

하지만 달콤한 휴식도 잠시 아빠가 또 다른 사건을 내놓았어요.

"렉스가 다시 말썽을 부린다는구나."

렉스는 인사이클로피디아의 친한 친구 핑키 플러머의 작은 개였어요. 이웃 사람들은 모두 작고 귀여운 렉스를 좋아했어요. 단 한 사람, 지난달 플러머네 옆집으로 이사 온 하우드 씨를 제외하곤 말이지요.

"렉스가 하우드 씨네 장미 정원을 자꾸만 파헤친다고 오늘 오후 하우드 씨가 경찰서로 민원을 접수했단다. 하우드 씨는 주인이 렉스를 묶어 놓게 해 달라고 요구했어."

브라운 경찰서장이 말했어요.

"아빠, 그런 사건도 경찰이 맡나요?"

"그럼, 아이다빌 시의 일인걸. 한쪽 편만 들고 싶지는 않구나. 이따가 플러머 씨와 하우드 씨의 집을 들러 볼까 해. 두 집 사이의 심상치 않은 갈등을 막을 수도 있을 거야."

브라운 경찰서장이 의자에 몸을 젖혀 앉으며 말을 이었어요.

"르로이, 너도 함께 가자꾸나. 핑키랑 친하잖니."

소년 탐정은 보통 어른들의 문제에 끼어드는 것은 별로 내켜하지 않았어요. 하지만 친구와 관련된 일이니 마다할 일이 아니었지요.

인사이클로피디아는 설거지하는 엄마를 도운 후 외출 준비를 했어요. 깨끗한 티셔츠를 꺼내 입고 빗질을 한 후 아빠가 기다리는 순찰차로 갔어요.

저녁 8시경 핑키 집 근처에 도착했어요. 날은 이미 어두워져 있었어요. 집집마다 불빛들이 새어 나오고 있었지요.

갑자기 하우드 씨 집 쪽에서 네 발의 총성이 울렸어요.

"저건 총소린데!"

브라운 경찰서장이 말했어요.

"저기!"

소년 탐정이 한쪽을 가리켰어요.

하우드 씨가 집 앞에 나와 서 있었어요. 오른손에는 사냥용 총을 들고 있었지요. 잠시 후 총소리를 들은 사람들이 웅성웅성 모여들었어요. 모두들 무슨 일인가 싶어 집 밖으로 나온 것이었어요.

브라운 경찰서장은 재빨리 권총을 빼내어 들고 순찰차 밖으로 뛰어나갔어요.

"집에 도둑이 들었어요! 바로 내 서재에 말이지요! 총을 쏘았더니 도망을 쳤어요!"

브라운 경찰서장을 보자 하우드 씨가 소리쳤어요.

브라운 경찰서장이 하우드 씨에게 몇 가지를 묻는 동안 이웃집에 사는 플러머 가족이 건너왔어요.

그런데 핑키가 갑자기 외마디 비명을 지른 후 주저앉아

요. 그늘진 곳에 렉스가 쓰러져 낑낑대고 있는 것을 발견한 것이었지요. 렉스는 다리에 심한 상처를 입고 있었어요.

"아저씨가 우리 개를 쐈지요!"

핑키가 외쳤어요.

핑키는 눈에 눈물이 그렁그렁한 채 벌떡 일어나 하우드 씨에게 달려들었어요. 핑키의 아빠가 아들을 붙들었어요. 이웃 사람들이 하우드 씨를 보며 수군거렸어요. 분위기가 점점 험악해졌어요.

"난 도둑을 쏘았어요! 개를 다치게 할 생각은 없었어요. 개는 보지도 못했다고요."

하우드 씨가 말했어요.

플러머 씨가 렉스를 조심스럽게 안아 올렸어요.

"렉스는 괜찮을 거야. 너무 걱정하지 마렴."

아들을 다독이며 핑키 아빠가 말했어요.

"모두 집으로 들어가세요. 어서요."

브라운 경찰서장은 모여든 사람들을 집으로 돌려보낸 후 인사이클로피디아를 하우드 씨에게 소개했어요.

"그러니까 사설탐정소를 연 아이가 이 아이로군요."

하우드 씨는 빙그레 웃으며 소년 탐정의 머리를 쓰다듬어 주었어요.

"안으로 들어가시죠. 도둑이 있던 곳을 보여 드리겠습니다."

하우드 씨는 집 안으로 앞장서 들어가 브라운 부자를 책장들로 둘러싸인 방으로 안내했어요. 방 한가운데에는 책상과 의자가 있었고 그 뒤로 커다란 안락의자와 독서용 램프가 있었어요. 램프 옆에는 신문이 떨어져 있었지요.

"여동생이랑 살고 있는 작은 집이에요. 저녁이면 전 이곳 서재에서 대부분의 시간을 보냅니다."

하우드 씨가 말했어요.

인사이클로피디아는 열려 있는 창문으로 다가갔어요. 창문은 정원 바닥에서 3피트 정도 높이였어요.

"동생은 친구들을 만나러 나갔습니다. 집에는 저 혼자 있었고요. 안락의자에 앉아 신문을 읽고 있다가 깜박 졸았던가 봅니다. 문득 무슨 소리에 깨어 보니 복면을 한 사람이 책상을 뒤지고 있었어요."

하우드 씨는 안락의자에 앉아 오른쪽으로 손을 뻗어 책장 아래쪽에 달린 캐비닛 문을 소리 없이 열었어요. 캐비닛 안에는 기다란 상자가 있었어요. 하우드 씨는 상자를 책상 위에 올려놓은 후 그 속에서 사냥용 총을 꺼냈다고 했어요. 그러곤 다시 상자를 캐비닛 안에 집어넣고 캐비닛 문을 닫았다고 말했어요. 물론 이 모든 일을 소리 나지 않게 말이지요.

"할아버지가 물려주신 총이에요. 제겐 보물이지요."

하우드 씨가 말했어요.

"잠에서 깨어 도둑을 보았을 때에도 지금처럼 앉아 있었나요? 어떻게 도둑에게 안 들키고 총을 꺼낼 수 있었죠?"

브라운 경찰서장이 물었어요.

"다행히 도둑은 제게 등을 돌리고 있었어요. 그래서 전 소리 없이 캐비닛을 열어 총을 꺼낼 수 있었죠. 전 도둑에게 손을 들라고 했어요. 그런데 도둑은 손을 드는 척하면서 저를 밀치고는 창문으로 달아났어요."

"쫓아갔나요?"

브라운 경찰서장이 다시 물었어요.

"네, 집 앞 잔디밭으로 쫓아나갔어요. 그리고는 도둑을 향해 총을 네 발 쏘았어요. 도둑이 저를 밀쳐 넘어진 충격으로 얼떨떨했던지라 네 발 모두 빗나가지 않았나 싶어요. 바로 그 후에 서장님이 오셨어요. 드릴 말씀은 이게 다입니다."

하우드 씨가 말했어요.

"밖을 한번 둘러보았으면 좋겠군요."

브라운 경찰서장이 말했어요.

인사이클로피디아와 밖으로 나오자 브라운 경찰서장이 말했어요.

"자, 넌 어떻게 생각하니, 르로이?"

"하우드 씨는 렉스를 죽이려 했어요. 우리가 예고 없이 나타나 총을 들고 있는 모습을 보게 되자 도둑 이야기를 꾸며 낼 수밖에 없었던 거예요!"

인사이클로피디아가 말했어요.

인사이클로피디아는 그것을 어떻게 알았을까요?

○ 109쪽에 해결이 있어요.

 과 학 솔 루 션

총이 발사되는 원리는 무엇인가요?

총 발사에 숨어 있는 과학 원리

브라운 경찰 서장은 재빨리 권총을 빼내어 들고 순찰차 밖으로 뛰어나갔어요. "집에 도둑이 들었어요! 바로 내 서재에 말이지요! 총을 쏘았더니 도망을 쳤어요!"

아마 여러분은 영화에서 경찰들이 총을 쏘면서 범인들과 총격전을 벌이는 장면을 본 적이 있을 것입니다. 시끄러운 총소리가 들리고 총이 발사되는 총열 부분에서 불꽃이 튀기도 합니다. 이것은 총에서 총알이 발사될 때 화약이 폭발하기 때문에 일어나는 현상이지요.

이처럼 총이 발사되는 과정에도 숨겨진 과학적인 원리가 있다는 것을 알고 있나요? 지금부터 그 숨어 있는 원리들을 하나씩 살펴보겠습니다.

먼저 총의 구조에 대하여 살펴보기로 합시다. 총은 쓰임과 생김새에 따라 다양한 종류가 있습니다. 그중에서 가장 일반적으로 쓰이는 권총의 구조를 알아보면 손잡이 부분에 개머리판과 공이 스프링이 있고 탄창 부근에 탄약, 약실, 공이치기, 방아쇠가 있고 총열 부근에 가늠좌가 앞과 뒤로 있습니다.

● 관련 과학 교과 6학년 2학기 3단원 – 에너지와 도구

만약 손가락으로 방아쇠를 당기면 공이 스프링이 작동하여 공이치기가 탄약을 치게 되고 그 속의 화약이 폭발하게 됩니다. 그 폭발의 힘으로 총알이 총열의 앞쪽으로 나가면서 발사되는 것이지요.

권총의 구조

이번에는 권총에서 총알이 발사될 때에는 어떤 과학적인 원리가 있는지 찾아봅시다.

먼저 총알은 탄두와 탄피로 이루어져 있고 그 속에 화약이 들어 있습니다.

권총의 공이치기가 탄피의 뒷부분을 치면 총알 안의 화약이 폭발하면서 내부 안에 압력이 증가하게 됩니다. 이 압력이 탄두를 밀어내면서 앞으로 나가게 되는 것이지요.

반면에 탄두가 앞으로 나가면서 권총은 뒤로 밀립니다. 이것은 화약

107

과학 솔루션

이 폭발하면서 생긴 힘이 탄두를 앞으로 밀어내고 탄두는 받은 힘만큼 권총의 몸체를 뒤로 밀어내기 때문입니다. 이처럼 물체가 앞으로 나가는 힘만큼 뒤로 미는 힘이 생기는 것을 반작용이라 합니다. 따라서 총을 쏠 때 힘의 반작용을 생각하지 않으면 탄두가 엉뚱한 곳으로 날아갈 수 있습니다.

이와 같이 총에서 총알이 발사되는 것에도 보이지 않는 과학적인 원리가 숨어 있답니다.

정답

권총이 발사되는 원리는 무엇일까요? 총알은 탄두와 탄피로 되어 있는데 탄피 속에는 다량의 화약이 들어 있지요. 총의 공이치기 부분이 탄피의 뒷부분을 때리면 탄피 속의 화약이 폭발하게 되고 그 힘으로 탄두가 앞으로 발사되게 되는 것입니다. 이렇게 총이 발사되는 과정에는 순서가 정해져 있답니다.

개를 다치게 한 진짜 이유 편

　보통 사람이라면 총을 꺼내 든 후에 빈 보관 상자를 캐비닛에 다시 집어넣고, 그 캐비닛 문을 닫은 후 도둑에게 손들라고 하지는 않았을 것이다. 도둑이 든 급박한 상황에 캐비닛 문은 열어 둔 채, 상자는 바닥에 떨어뜨려 놓고 총을 겨누었을 것이다.
　그런데 하우드 씨가 서재에서 브라운 부자에게 이야기를 들려줄 때, 총 보관 상자는 캐비닛 안에 들어 있었고 캐비닛 문은 닫혀 있었다. 허술한 이 점을 지적하자 하우드 씨는 진실을 털어놓았다. 애초에 도둑 같은 건 없었고, 렉스를 죽이려 했다고 말이다.
　렉스는 얼마 후 회복되었다. 그때쯤 하우드 씨는 아이다빌 시를 떠나 다른 곳으로 이사를 갔다.

함정에 빠진 이쁜 수집가

"경찰이 쫓아오고 있어!"

찰리 스튜어트가 급히 소리치며 브라운 사설탐정소로 휙 들어와 연장을 보관하는 벽장 속으로 사라졌어요. 인사이클로피디아는 밖을 내다보았어요.

"경찰은 보이지 않아."

소년 탐정이 말했어요.

찰리는 인사이클로피디아의 말에도 불안해했어요. 벽장문을 조금만 열고는 볼멘소리를 했지요.

"난 수배범이야. 난 쫓기는 몸이라고!"

"무슨 일로?"

인사이클로피디아가 물었어요.

"그걸 내가 어떻게 알아? 조금 전에 로커스트 거리 교차로 모퉁이에 있는 공중전화 부스를 지나는데, 거기에 벅스 미니와 칼슨 경관이 서 있더라. 그런데 갑자기 벅스가 날 가리키며 '저 애를 체포하세요!'라고 소리를 치잖아! 난 무서워서 도망을 쳤어."

찰리가 주위를 살피며 연장 보관 벽장에서 나왔어요.

"내가 수집하고 있는 이빨들하고 연관된 일인가 봐."

찰리의 이빨 수집은 아이다빌 시에서 유명했어요. 찰리만큼 흥미롭고 다양한 동물 이빨들을 수집한 사람은 단 한 명도 없었지요. 찰리는 수집한 이빨들을 꽃 그림이 그려진 쿠키 상자에 보관했어요.

"벅스한테는 돼지 모양의 질그릇 찻주전자가 있어. 며칠 전 벅스는 그 찻주전자하고 내 수집품을 맞바꾸자고 했어. 나는 차를 마시지 않기 때문에 싫다고 했지."

찰리가 뭔가 집히는 것이 있다는 표정으로 말했어요.

"벅스가 무엇 때문에 네 이빨 수집품을 갖고 싶어 해?"

인사이클로피디아가 물었어요.

"그것들을 줄에 엮어 호랑이들 클럽 하우스 뒤에다 쳐 놓을 작정인가 봐. 누구든 클럽 하우스 뒤로 몰래 접근하면 줄에 걸리게 될 거고, 그러면 줄이 흔들리면서 이빨들이 짤그락거리는 소리에 호랑이들이 알아차리게 될 테니까."

찰리가 말했어요.

"이야! 이빨 경보기네! 아주 근사한데! 벅스한테……."

인사이클로피디아가 말을 하다 말고 멈췄어요.

"찰리, 꼼짝 마! 도망갈 생각은 하지 말라고!"

벅스가 소리를 지르며 사설탐정소 안으로 뛰어 들어왔어요. 뒤이어 칼슨 경관도 들어왔어요.

"그 꼬맹이 도둑이 여기 숨어 있을 거라고 제가 말씀 드렸잖아요! 이 사설탐정소가 간판만 그럴싸하지 뭔가 냄새나는 곳이라는 걸 진작부터 알고 있었다니까요!"

벅스가 신이 나서 말했어요.

칼슨 경관이 벅스에게 조용히 하라는 신호를 한 후 찰리에게 물었어요.

"조금 전에 왜 로커스트 거리에 있었지?"

"거기로 나오라는 전화를 받았어요. 어떤 남자애가 전화해

서 당장 공중전화 부스에서 만나자는 거예요. 회색 곰의 이빨을 팔겠다고요. 이름은 말하지 않았어요."

찰리가 말했어요.

"흥, 회색 곰 이빨을 사러 가는 길이셨다? 그러면 칼슨 경관님을 보자마자 왜 달아났는데?"

벅스가 비아냥거리며 물었어요.

"그, 그건 네가 날 체포하라고 외쳐서 그랬던 거야. 겁을 먹은 거라고."

찰리가 말했어요.

"둘 다 그만 하렴. 벅스 말에 의하면 네가 벅스 방에 잠겨 있던 캐비닛 문을 부수고 돼지 모양의 찻주전자를 훔쳐 갔다는데, 정말 그랬니?"

칼슨 경관이 찰리에게 물었어요.

"안 그랬어요!"

찰리가 벅스를 노려보며 소리쳤어요.

"난 돼지도 좋아하지 않고, 차도 마시지 않아!"

찰리의 대답을 듣고 칼슨 경관이 이야기했어요.

"모두들 벅스의 집으로 가서 실제로 무슨 일이 있었는지 알아보자꾸나."

찰리가 순찰차로 걸어가면서 인사이클로피디아에게 25센트를 슬쩍 내밀며 속삭였어요.

"도와줘. 내가 벅스의 음모에 빠진 것 같아."

집에 도착하자 벅스가 현관에서 멈춰 섰어요.
"부모님은 외출 중이세요."
벅스는 왼쪽의 계단을 가리키며 말을 이었어요.
"집에 막 들어서는데 찰리가 계단을 뛰어 내려왔어요. 제 돼지 찻주전자를 옆구리에 끼고 있었어요. 황급히 쫓아갔지만 놓치고 말았어요."
"왜 놓쳤어? 찰리보다 넌 덩치도 크고 빠르잖아."
인사이클로피디아가 물었어요.
"왜 놓쳤냐고? 말해 주지, 똘똘이 박사님. 법을 지키느라 그랬다. 신호등이 빨간불이면 난 건너지 않거든. 난 보행 신호를 꼭 지키는 사람이라고."
벅스가 말했어요.
"새빨간 거짓말이야."

찰리가 투덜거렸어요.

칼슨 경관이 말했어요.

"그럼 찰리는 보행 신호를 어기고 달아났다는 말이군. 그다음에 어떻게 했니, 벅스?"

"전 곧바로 모퉁이 공중전화 부스로 달려가 경찰에 신고했고, 경관님이 오실 때까지 거기서 기다렸어요."

"돼지 찻주전자가 들어 있었던 곳을 좀 볼까?"

칼슨 경관이 말했어요.

"네, 절 따라오세요."

벅스는 일행을 위층의 자기 방으로 안내했어요.

방 한쪽에 한쪽 문이 뜯긴 캐비닛이 있었어요. 뜯긴 한쪽 문은 벽에 기대어 세워져 있었어요.

"자, 제가 말한 그대로지요?"

"하지만 공중전화 부스로 오던 찰리는 돼지 찻주전자를 갖고 있지 않았단다."

칼슨 경관이 지적했어요.

"숨겨 놓을 시간은 충분했어요. 경관님께서는 전화 부스에서 회색 곰의 이빨을 사기 위해 그곳에 있었다고 둘러댔고요.

알리바이는 이미 다 만들어 놓았을 테니까요!"
벅스가 말했어요.
"일단 찰리 부모님께 전화를 해야겠다."
칼슨 경관은 난처한 표정으로 찰리를 바라보며 이야기했어요.
"아, 잠깐만요. 전 찰리가 부모님께 혼이 나는 것을 원치 않아요. 전 금방 용서하고 잊어버리는 성격이거든요. 찰리는 며칠 동안 자기의 이빨 수집품을 제 돼지 찻주전자하고 맞바꾸자고 저를 쫓아다녔어요. 이렇게 하는 게 어때요? 찻주전자가 그렇게 좋으면 가지라고 하세요. 대신 제가 그 지저분한 이빨 수집품을 갖지요, 뭐."
벅스가 인심 쓰듯 말했어요.
"벅스! 넌 어떤 것도 찰리한테서 못 가져가. 찰리는 돼지 찻주전자를 훔친 적이 없으니까!"
인사이클로피디아가 말했어요.

인사이클로피디아가 그렇게 딱 부러지게 말한 이유는 무엇일까요?   ◐ 121쪽에 해결이 있어요.

신호등의 빨간불은 어떤 의미인가요?

신호등 속에 숨어 있는 과학

"왜 놓쳤냐고? 말해 주지, 똘똘이 박사님. 법을 지키느라 그랬다. 신호등이 빨간불이면 난 건너지 않거든. 난 보행 신호를 꼭 지키는 사람이라고."

운전자들은 교차로에서 신호등의 색깔에 따라 차를 출발하거나 멈추곤 합니다. 이러한 신호등의 색깔은 빨간색, 노란색, 초록색 세 가지로 각각 의미가 숨어 있습니다. 빨간색은 정지, 노란색은 주의, 초록색은 진행이라는 의미를 나타내지요. 이제부터 신호등 속에 어떠한 과학적인 원리가 숨어 있는지 살펴봅시다.

먼저 신호등의 색에 대하여 알아봅시다. 보통 전구의 색깔은 일반적으로 주황색을 나타냅니다. 그런데 신호등은 어떻게 서로 다른 색깔을 나타낼까요?

그것은 색유리를 사용하여 특정 색깔의 빛만 투과하도록 하기 때문입니다. 즉, 주황색 불빛이 색유리를 통과하는 과정에서 빨강,

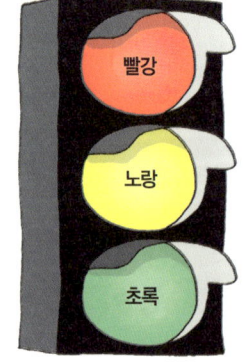

노랑, 초록 각각의 색깔로 나타나도록 한 것이지요. 요즘은 점점 일반 전구보다 훨씬 밝고 전력 소모가 적은 LED 램프를 신호등으로 사용하고 있습니다.

이번에는 신호등 빛의 밝기에 대해 알아봅시다. 우리 눈으로 신호등의 색깔을 인식하려면 이에 알맞은 밝기를 나타내야 합니다.

만약 색깔이 정확하게 보이지 않는다면 교통 질서에 문제가 생길 수도 있지요. 교통 신호등의 밝기는 보통 자동차의 속도에 따라 다르지만 전방 150m 지점에서는 인식할 수 있도록 해야 합니다.

하지만 여기에서 유의할 것은 색깔에 따라 밝기가 다르게 보인다는 것입니다. 그것은 같은 전구를 사용하지만 빛의 파장에 따른 색의 투과율이 각각 다르기 때문입니다.

재미있는 과학 상식 : : : **동물의 이빨**

동물의 이빨은 무엇을 먹느냐에 따라 생김새가 다릅니다. 그래서 풀을 주로 먹는 초식 동물과 고기를 주로 먹는 육식 동물의 이빨 구조는 다릅니다.

초식 동물은 주로 어금니가 발달되어 있는데 이것은 음식을 씹어서 잘게 부수기 위한 것이지요. 반면에 육식동물은 날카로운 송곳니가 발달했는데 이는 고기를 씹기 좋은 상태로 진화된 것이지요.

정답

신호등은 빨강, 노랑, 초록 세 가지의 색으로 이루어졌습니다. 이러한 색깔 중에서 빨간색은 어떤 의미일까요? 신호등에서 빨간불은 정지를 의미합니다. 빨간색은 자극에 강하고 밤에도 눈에 잘 띄기 때문에 정지 신호로 가장 적합하기 때문입니다.

함정에 빠진 이빨 수집가 편

 벅스의 말에 따르면 벅스는 집 계단에서부터 찰리를 뒤쫓아 갔다. 그리고 칼슨 경관과 찰리, 인사이클로피디아와 함께 집으로 돌아와서야 캐비닛이 있는 자기 방으로 올라갔다. 즉, 벅스는 도둑이 찻주전자를 훔치는 모습을 볼 수 없었다. 그런데 벅스는 캐비닛이 어떻게 열렸는지 이미 알고 있었다. 자신이 그 '도둑'이 아니고서야 문이 부서졌는지를 어찌 알았겠는가!
 인사이클로피디아가 이 점을 지적하자 벅스는 진실을 털어놓았다. 찰리의 이빨 수집품을 손에 넣기 위해 찰리를 도둑으로 몰았다는 것이다. 그리고 찰리에게 회색 곰 이빨을 사라고 전화한 사람도 자신임을 시인했다.

환상의 원기 주스는 진짜일까?

캐드머스 터너는 걸음을 멈추고 브라운 사설탐정소 밖에 있는 커다란 나무를 노려보았어요.

곧 캐드머스는 으르렁거리는 소리를 내더니 몸을 웅크리고 왼쪽으로 돌다가 와락 나무를 향해 덤벼들었어요.

인사이클로피디아는 캐드머스가 그렇게 씩씩거리며 싸울 기세로 덤비는 모습을 처음 보았어요. 소년 탐정은 가까이에서 그 모습을 보기 위해 서둘러 밖으로 나갔어요.

캐드머스와 나무의 한판 승부는 꽤 오래 이어졌어요. 캐드머스는 한참을 낑낑대며 나무와 씨름하다가 바지가 흘러내리자 나무에서 떨어졌지요.

"사기야! 속은 거라고!"

캐드머스가 갑자기 소리를 질렀어요.

"네 바지가 기권하기 전까지 정정당당한 싸움이었던 것 같던데, 뭘. 다음에 나무랑 또 씨름할 생각이라면 허리띠부터 단단히 매. 그럼 분명히 이길 거야."

인사이클로피디아가 말했어요.

"허리띠를 조일 수 없어. 환상의 원기 주스를 네 병이나 마셔서 허리띠 끝이 닿지도 않아. 배가 터질 지경이야."

캐드머스가 말했어요.

인사이클로피디아는 캐드머스의 배를 보았어요. 배가 풍선처럼 볼록했어요.

"저 나무를 뿌리째 뽑아낼 수 있어야 했는데……."

"왜, 원기 주스를 네 병이나 마셨니?"

인사이클로피디아가 물었어요.

"주스를 마시면 근육맨이 될 수 있다고 했거든. 이 환상의 원기 주스가 진짜라면 난 지금쯤 헤라클레스처럼 펄펄 날아야 해. 하지만 그 주스가 효과가 없다는 것만 깨닫게 되었어. 2달러나 썼는데!"

캐드머스가 말했어요.

"그 주스가 가짜라는 걸 증명해 내면 돈을 돌려받을 수 있지 않을까?"

인사이클로피디아가 말했어요.

"네가 증명해 줄래? 그런데 그 환상의 원기 주스인가 뭔가를 네 병이나 사느라 가지고 있던 돈을 다 써 버렸어. 25센트는 사건을 해결한 후에 지불해도 괜찮겠니?"

캐드머스가 말했어요.

인사이클로피디아는 기꺼이 사건을 맡았어요. 터지기 직전의 캐드머스 배를 보니 사업적인 계산보다는 동정심이 앞섰거든요.

둘은 자전거를 타고 소나무 거리에 있는 평소에는 늘 비어 있는 과일 가판대로 갔어요. 캐드머스가 아침에 주스를 산 곳이었지요.

"큰 형들 둘이서 주스가 들어 있는 박스들을 팔려고 내놓고 있었어. 나더러 첫 번째 손님이 되어 주면 두 병 값에 네 병을 주겠다고 했어."

캐드머스가 말했어요.

"그런 흥정은 마다할 수가 없지."

인사이클로피디아는 캐드머스의 마음이 이해되었어요.

가판대 앞에는 많은 아이들이 모여 있었어요.

벅스와 호랑이들도 아이들을 밀치고 판매대 가까이 다가서서 구경하고 있었어요. 고등학생쯤 되어 보이는 형 둘이 주스를 팔고 있었지요.

인사이클로피디아는 그중 한 사람의 얼굴이 낯익었어요. 고등학교를 중퇴하고 늘 벼락부자 되는 방법을 셀 수도 없이 궁리하고 있다는 윌포드 위긴스였어요. 체격이 건장한 다른 한 사람은 낯이 설었어요.

"마이크 오말리라고 농장에서 왔대."

캐드머스가 말해 줬어요.

"아파치 요새에서 온 사람처럼 보이네."

인사이클로피디아가 말했어요.

마이크는 몸에 잘 맞기는 했지만 한바탕 뒹굴다 온 것처럼 여기저기 구겨진 옷을 입고 있었어요.

"모여요, 모여."

원기 주스 병을 흔들어 대며 윌포드가 외쳤어요. 사업 동료인 마이크 오말리는 땅바닥에 엎드려 마치 기계처럼 팔굽혀펴기를 하기 시작했어요.

"1년 전만 해도 여기 마이크의 몸무게가 100파운드밖에 안 나갔다면 믿겠습니까? 사람들은 마이크를 갈비씨라고 했어요."

윌포드가 말했어요.

마이크는 벌떡 일어나 셔츠를 벗었어요. 마이크는 드러난 우람한 근육들을 자랑해 보였어요.

"단 1년 만에 마이크는 근육만 100파운드가 생겼어요! 기적이 아닙니까? 맞습니다. 이 환상의 원기 주스가 바로 그 기적의 주인공이에요."

윌포드가 캐드머스의 가슴을 가리키며 덧붙였어요.

"용량대로만 복용하면 여기 모인 여러분도 마이크처럼 근육 맨이 될 수 있어요!"

마이크가 단단해 보이는 가슴 근육을 꿈틀거려 보였어요. 그러자 근육에 새겨진 전함 문신도 함께 꿈틀거렸어요.

"저 전함이 보입니까? 1년 전에는 고작 나룻배였어요, 나룻배! 와하하!"

윌포드가 허풍을 떨며 말했어요.

"그게 그렇게 좋은 거라면 가게에서도 충분히 팔 수 있을 텐데 왜 거리에 나와 파는 거죠?"

벅스 미니가 질문을 했어요.

"좋은 질문이에요, 친구. 솔직하게 대답해 주지. 우린 지금 빈털터리라 가게를 차릴 돈이 없거든. 우린 돈이 필요하단 말야."

윌포드가 말했어요. 윌포드는 마이크의 구겨진 셔츠를 집어 들었어요.

"이 옷을 한번 보세요. 낡고 추레하네요, 그렇죠? 마이크는 이 옷을 2년째 입고 있어요. 왜? 마이크는 오로지 근육을 키우는 데에만 신경쓰느라 옷차림에 신경 쓸 겨를이 없었지요. 오로지 멋진 근육 맨이 될 생각만 했어요."

윌포드는 마이크의 옷을 내려놓았어요. 그리고 헤라클레스처럼 힘을 내게 해 준다는 원기 주스 병을 집어 들고 말을 이었어요.

"저와 마이크는 가진 돈은 죄다 털어서 원기 주스를 만드는 데에 쏟아 넣었어요. 우리는 이 주스를 전국의 가게들에 납

품할 계획이에요. 그러려면 돈이 필요해요. 그래서 이번에 특별히 할인한 가격으로 팝니다. 여러분이 근육 맨으로 변신하는 데는 딱 네 병이면 됩니다. 이 네 병을 절반 가격에 드립니다. 네 병에 단돈 2달러!"

"나한테만 특별히 깎아 준다고 하더니만!"

캐드머스가 화가 나 말했어요.

"잊어버려. 벅스 좀 봐라."

인사이클로피디아가 말했어요.

호랑이들의 대장은 마이크의 우람한 근육이 꿈틀대는 것을 보느라 눈이 튀어나올 지경이었어요.

"이 주스를 어떻게 마셔요?"

벅스가 잔뜩 궁금한 표정으로 물었어요.

"하루에 한 숟가락씩! 이 네 병이면 1년을 먹을 수 있어요. 그러면 여러분도 마이크처럼 근육 맨이 될 수 있어요!"

"1년을 어떻게 기다려? 난 네 병을 몇 분 만에 다 마셔 버렸어. 어쩌면 지시하는 대로 마셔야만 효과가 있는 것이었나 봐."

캐드머스가 투덜거렸어요.

"효과 같은 건 없어. 마이크의 근육과 월포드가 하는 선전이 저 주스가 가짜라고 이미 말하고 있어!"
인사이클로피디아가 말했어요.

인사이클로피디아는 어떻게 환상의 원기 주스가 가짜인 걸 알았을까요?

○ 135쪽에 해결이 있어요.

과학 솔루션

우리 몸의 근육은 어떻게 이루어졌나요?

인체의 근육

"단 1년 만에 마이크는 근육만 100파운드가 생겼어요! 기적이 아닙니까? 맞습니다. 이 환상의 원기 주스가 바로 기적……."

우리 몸은 수많은 근육들로 이루어져 있습니다. 운동을 많이 할수록 근육이 더욱 발달하지요.

대표적인 근육으로는 골격근과 내장근이 있습니다. 골격근은 주로 피부 바로 밑 뼈와 뼈 사이에 붙어 있는 근육으로 보통 가로무늬근이라고도 합니다. 우리가 일반적으로 이야기하는 근육이 바로 골격근을 말하는 것이지요.

반면 내장근은 주로 심장과 같은 장기에 붙어 있는 근육으로 민무늬근이라고 합니다.

그렇다면 골격근과 내장근의 차이는 무엇일까요? 그것은 바로 자신의 의지와 관련이 있는지의 여부입니다. 골격근은 운동 신경이 정해 주는 자극에 의해서만 움직이지만 내장근은 자율 신경의 신호에 따라 스스로 움직인다는 것이지요. 따라서 내장근은 외부의 명

● **관련 과학 교과** 5학년 2학기 1단원 – 우리 몸

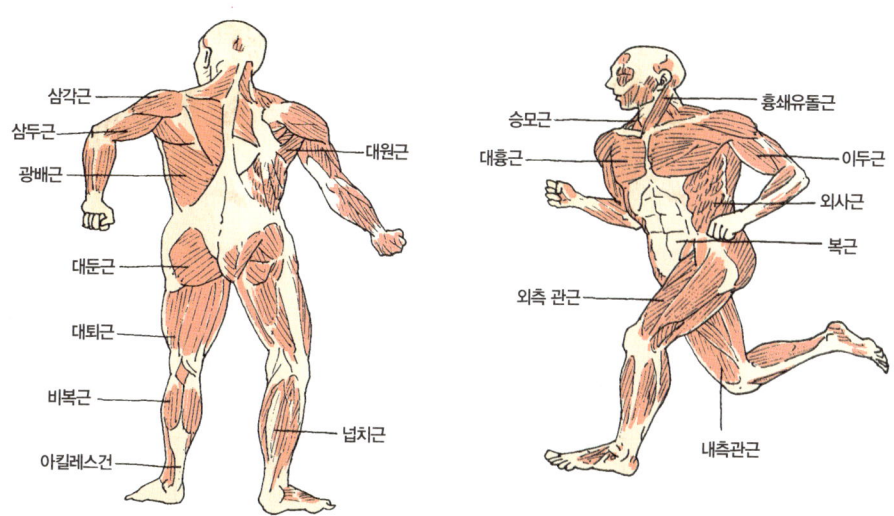

우리 몸의 근육

령에 관계없이 자신의 의지에 따라 자동적으로 수축하기도 하고 이완되기도 합니다. 이러한 성질 때문에 우리가 잠을 자고 있는 동안에도 다른 근육들은 쉬고 있지만 내장근은 쉬지 않고 계속적으로 움직이면서 혈액을 운반하는 것이지요.

이번에는 근육의 구조에 대하여 살펴보기로 합시다. 대표적인 근육인 골격근을 살펴보면 표면은 근막으로 둘러싸여 있고 양쪽 끝은 힘줄로 뼈에 붙어 있습니다.

한 개의 골격근은 수많은 근세포들로 이루어진 다발입니다. 이때 보통 한 개의 근세포를 근섬유라고 하지요.

근섬유의 지름은 아주 가는 것부터 두꺼운 것까지 매우 다양합니다. 예를 들면 손가락의 근육은 몇 mm도 안 되지만 다리의 근육인

　대퇴근은 30cm 이상인 것도 있지요. 아울러 근섬유들은 모세혈관이나 신경으로 서로 연결되어 있어 자극을 전달하기도 합니다.
　이와 같이 인체의 근육은 우리가 생명을 유지하고 살아갈 수 있도록 도움을 줍니다. 외부적으로 보이는 골격근이 아무리 멋있게 보여도 우리 몸속에 있는 내장근이 없다면 아무 소용이 없다는 것을 기억해야 합니다.

정답

　우리 인체는 수많은 근육으로 이루어져 있습니다. 그중에서 대표적인 근육에는 무엇이 있을까요? 우리 인체의 대표적인 근육으로는 골격근과 내장근이 있습니다. 골격근은 손이나 발, 가슴과 배 등의 피부 바로 밑의 모든 근육을 말하는 것이며, 내장근은 심장과 위 등의 내장 기관에 붙어 있는 근육을 말하는 것이지요. 이와 같이 우리 인체를 구성하는 근육의 수는 엄청나게 많답니다.

사건의 해결 — 환상의 원기 주스는 진짜일까? 편

월포드 위긴스는 아이들에게 마이크가 환상의 원기 주스를 마신 지 1년 만에 100파운드의 근육을 얻었다고 선전했다. 그리고 마이크가 가진 돈을 원기 주스를 만드는 데에 다 써 버려 옷을 살 수도 없었다고 했다.

하지만 마이크가 비쩍 말랐던 1년 전에도 입었던 그 낡은 옷은 근육 맨이 된 1년 후에도 여전히 잘 맞았다.

인사이클로피디아가 이 점을 아이들에게 말하자 월포드는 더 이상 환상의 원기 주스를 팔 수 없었다. 물론 캐드머스는 2달러를 돌려받았다.

과학탐정 브라운 5

펴낸날	초판 1쇄 2010년 4월 29일
	초판 6쇄 2018년 6월 14일

솔루션 집필 및 감수 신나는 과학을 만드는 사람들
지은이 도널드 제이 소볼
그린이 박기종
옮긴이 이정아
펴낸이 심만수
펴낸곳 (주)살림출판사
출판등록 1989년 11월 1일 제9-210호

주소 경기도 파주시 광인사길 30
전화 031-955-1350 팩스 031-624-1356
홈페이지 http://www.sallimbooks.com
이메일 book@sallimbooks.com

ISBN 978-89-522-1334-1 74840
      978-89-522-1176-7 74840(세트)

살림어린이는 (주)살림출판사의 어린이 브랜드입니다.

※ 값은 뒤표지에 있습니다.
※ 잘못 만들어진 책은 구입하신 서점에서 바꾸어 드립니다.

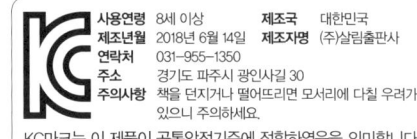